ひとり税理士の自宅仕事術

税理士 井ノ上陽一［著］
Yoichi Inoue

一般財団法人 大蔵財務協会

はじめに

「なんでパパの会社はおうちなの？」

４歳になろうとする娘から、質問されることがあります。

「パパはパソコンでどこででも仕事ができるから、おうちが会社なんだよ」と答えていますが、納得してくれているのかどうかわかりません。

娘には、「おうち＝自宅」で仕事をするという選択肢もあることを、今後伝えていければと思っているところです。

自宅で仕事。

税理士として独立する場合、事務所を借りるのが王道ですが、私は借りていません。

独立後、借りていた時期もありましたが、今は自宅で仕事をすることを選んでいます。

ひとり税理士なら、人を雇わないので、事務所は必要ないかもしれません。

しかしながら、
「自宅でなんて仕事ができるのか？」
という疑問を持つ方もいらっしゃるでしょう。

自宅で仕事をするのは、事務所を借りて仕事をするよりも、難しい部分もあります。

・集中できるのか？
・書類はどうする？
・自宅で仕事なんて非効率ではないか？
・自宅にこもっていて仕事はできるのか？
・公私の区別がつかないのではないか？

などといったことを乗り越えなければ、自宅で仕事はできません。

ただ、こういった問題を解決すれば、自宅で仕事をするメリットは多いのも事実です。
私は、自宅で仕事をするメリットが、デメリットを大幅に、かつ、確実に超えているからこそ、自宅で仕事をしています。

さらに、新型コロナウイルス感染症拡大防止の観点からも、自宅で仕事をするのは、大きなメリットです。

税理士業は、自宅でできる仕事といえ、そのための技術もそろっています。

私自身、独立して以来、自宅を中心に仕事をし、新型コロナウイルスによる状況下、自宅での仕事の仕方、すなわち「自宅仕事術」をさらに実践し、研究してきました。

その成果、「自宅仕事術」のノウハウを本書に記します。

「第1章　自宅仕事のメリット」では、自宅仕事の考え方、メリット、問題点の確認について
「第2章　自宅仕事でも集中する工夫」では、自宅仕事最大の課題、集中できるかどうかについて
「第3章　自宅仕事の環境整備」では、自宅仕事をより効率化するアイテムについて
「第4章　自宅仕事で紙を使わない工夫」では、紙をなくす秘訣について
「第5章　自宅仕事でのコミュニケーション」では、自宅にいながら円滑かつ効果的なコミュニケーションをする秘訣について
「第6章　自宅仕事で外部とつながる工夫」では、ひとり税理士かつ自宅だと希薄になり

がちな外部とのつながりの対策について
「第7章　自宅にいながら営業するには」では、新型コロナウイルスによる状況下での営業、自宅からの営業について
「第8章　プライベートの効率化」では、自宅仕事の効率化に欠かせないプライベートの効率化について
「第9章　自宅仕事とプライベートの融合」では、仕事とプラベートの切り分け、バランスについて
という構成で、「自宅仕事術」について述べています。

実践したいことをメモしながら、順に読み進めていただければと思います。

シリーズ第1作『ひとり税理士の仕事術』では、「仕事も人生も楽しもう」というテーマでお届けしました。

その、仕事も人生も楽しむためにも、「自宅仕事術」は欠かせません。

ひとり税理士として自宅で仕事することを選ばれた方、選ぼうと思っている方の力になれば幸いです。

【目 次】

第3章　自宅仕事の環境整備

第6章　自宅仕事で外部とつながる工夫

第7章　自宅にいながら営業するには

第1章

自宅仕事のメリット

1 事務所を持てない税理士なんて失格

「税理士事務所」という言葉があるとおり、通常、税理士は独立すると事務所を持ちます。最初は自宅で仕事を始め、軌道に乗ってきたら、自宅ではなく事務所を借りるというステップもあるでしょう。


「まだ自宅ですか」

「事務所を借りられるようにならないとね」

「もっとがんばって事務所くらい持たなきゃ」

というような声もよく耳にします。

「事務所を持っていない税理士なんて……」という声もよく耳にすることです。


しかしながら、事務所を持っているかどうかということは、ひとり税理士としてのお客様への価値提供には、なんら影響を及ぼすこともありません。

事務所を持つかどうかは、ひとり税理士としての生き方の問題です。

新型コロナウイルス（以下、「新型コロナ」といいます）による状況下、自宅で仕事をする方がますます増えています。

事務所を持たない生き方を選んだということです。

私自身2007年に独立したときは、生き方の軸がなく、周りの評価を過剰に怖れ、無理をして事務所を借りてしまいました。

その後、2011年に自宅に戻り、以降はたまにセミナールームを借りつつ基本的には自宅で仕事をしています。


それが私の選んだ生き方だからです。

・税理士が自宅なんてかっこわるい
・みんなが事務所を借りているから借りる
・税理士業は、自宅でなんてできない

などと考えず、働き方としてだけでなく、生き方として自宅で仕事をすることを選ぶならば、自信を持ちましょう。

2 事務所を借りていた理由

本書執筆現在、私は事務所を借りずに自宅で仕事をしていますが、これまで事務所を借りていた時期もありました。

✣ 2007年8月〜2011年6月

東京の秋葉原に居住用マンションを事務所として借り、月10万円の家賃でした。

借りた理由は、「自宅でなんて仕事はできない」という思い込み、事務所を持っておきたいという見栄、税理士会の場所の関係からです。

居住用の物件だと敷金や礼金が少なく、事業用よりは割安ではあります。

退去通知のタイミングも1か月前で大丈夫です。

27平米ありましたが、風呂や台所があるため、使えるスペースはそれほど広くありませんでした。

居住用だと、風呂や台所が無駄ではあります。

机を3台、椅子を3脚置き、打ち合わせもできるようにしていました。

冷蔵庫を置いていたので食べ物を入れたり、コーヒーを入れたりすることができ、ホームベーカリーでパンを焼いていたこともあります。

トライアスロンをするようになってからは、ランニング後にシャワーを浴びることができ、便利でした。

✢ 2011年6月～2012年12月

東日本大震災を機に、2011年6月、事務所を借りるのをやめ、自宅で仕事をすることにしました。

前年からひとりで仕事をしていたことも、自宅に変えた理由の1つです。

✢ 2013年1月～2014年12月

東京の水道橋にオフィス用の物件を借りました。

借りた理由は、セミナーを開催する場所が欲しかったからです。

場所があれば、セミナーのたびに会場を借りる必要はありません。

仕事や打ち合わせもしていましたが、机4台、椅子8脚、プロジェクターを常備し、セミナーをすることがメインの使いみちでした。

事業用の契約でしたので、

・保証金が6か月、退去告知が6か月前に必要
・ときどき、飛び込み営業がある
・トイレが共用
・日曜日や平日20時以降（セミナーの場合）は、入り口が施錠
・宅配ボックスがない（受取がめんどう。自宅に送っていました）
・ゴミを自由に捨てられない。事業用ゴミになる
といったことは、デメリットでしたが、数多くのセミナーができ、いい借り方だったと思っています。

✤ 2014年7月〜2016年1月

セミナールームと並行して、自宅の一部を事務所スペースとして使っていた時期があります。

借りたのは、入り口から入った部屋（リビング）を事務所スペースとして、生活スペースと完全に区切ることができる物件です。

4人までのセミナーもできました。

✣ 2016年2月～現在

その後、2016年9月の引っ越しを経て、自宅での仕事を続けています。

引っ越し時には、娘が生まれる予定でしたので、生活環境も重視しつつ、2DKで、自分の部屋を確保するようにしました。

会社としてレンタルオフィスを借りていた時期もあります。

しかし、壁が薄く、隣室の電話の声が聞こえるので、とても仕事にならず、そこでは仕事をほとんどしていませんでした。

このように、事務所を借りた経験もあるうえで、自宅でも仕事をしているわけです。

これらの経験も踏まえ、「自宅ならではの仕事術」を本書では記していきます。

3 事務所を自宅にしたのは勇気が必要だった

最初に事務所をなくしたときは勇気が必要でした。

2010年末に、仕事を減らし、売上がかなり減ったことも事務所をなくした理由の1つです。

２０１１年３月には、東日本大震災もあり、モノを減らしたい、手放したいと強く感じた時期でもありました。

事務所の賃貸契約を解約すれば、月10万円の固定費がなくなります。

しかしながら、問題は、「事務所がなくなること」そのものであり、当時のお客様へなんと説明するか、悩みました。

事務所が自宅になることで、

・業績不振（実際そうでしたが）を疑われる

・イメージの悪化につながる

といった懸念もあったからです。

だからこそ、ブログに、「試しに事務所をやめてみました」という記事を書きました。

これは**報告というよりも、自分の覚悟を決めるため**であり、自分の決定を上塗りするためです。

ブログやメルマガ、本など、書くという行為にはそのような効果もあるので、これからこういう方向で行こうということがあったら、まず、書いてみましょう。

事務所をなくしたことについて当時のお客様に伝えると、

「自宅でもできる仕事だもんね」

「どこでもできますよね」

という反応で、ホッとしたものです。

ただ、2011年は、顧問契約の解約がありました。

そのうち2件は事務所をなくしたからかもしれませんが、しかたがないことです。（当時は焦りました）

契約を維持するために事務所を維持するのもおかしな話ですし、**自分が勇気を出すこと、軸をつくることのほうが大事**ではないでしょうか。

もし自宅で仕事をすることに躊躇がある方は、参考にしていただければと思います。

4 新型コロナ以前から自宅仕事にしていた理由

新型コロナウイルス感染症の流行を契機に（本書ではこの契機を境として、以下、「新型コロナ以前・以後」といいます）、事務所がいらなくなったという話を耳にします。

私は、新型コロナ以前から事務所は不要と考えていました。

その理由について、まとめてみました。

✣ 自宅でも集中して仕事ができるようになったから

事務所を借りていた当時から、自宅でも集中して仕事ができるようになっていました。

・自宅で集中できるような時間の使い方ができるようになった
・自宅の環境を整えた
・元々ペーパーレスだったので、自宅で仕事をしても問題なかった
・自宅でも集中できる仕事、楽しめる仕事を選ぶようにした
・自宅でプライベートと仕事のバランスをとれるようになった

などといったことが今できているから事務所がいらないのです。

✣ 事務所で集中できるわけではないから

これまで事務所を借りていて、事務所だからこそ集中できる、というわけでもありませんでした。

最初のうちは新鮮な緊張感もありますが、そのうち慣れてきてしまいます。

事務所であっても、ひとりで仕事をしていると、集中力に欠けることがありますし、眠くなることもあるわけです。

✣ 人を雇っていないから

人を雇えば、場所が必要となりますが、そうでないなら、事務所はいりません。(テレワークにする方法もあります)

✣ 家賃分を投資したいから

直近で事務所を借りようと思ったのは、2018年の春。

カフェのようなところを借りようかと考えていましたが、やめました。

毎月家賃を10万、15万円も払うなら、その分投資したほうがよいと考えたからです。

ここでいう投資とは、仕事道具や自分に対して行うものであり、自宅での仕事環境への投資も含みます。

✣ 手狭ではないから

紙を使わないペーパーレスで仕事をしているので、場所が必要ありません。

ペーパーレスであり、人を雇っていなければ「手狭になる」ということがないのです。

多少の書籍と自分のレシート等の書類しか置いていません。

決して広い自宅ではありませんが、場所的にプライベートと仕事を両立することができるので、事務所を別に必要としないのです。

✣ 割り切ったから

事務所があったほうがかっこいいものです。

ただ、かっこよさはなくてもよいかなと、割り切りました。

自宅だから、ひとりだからといって、仕事の依頼を受けられないようなら、自分の力不足です。

力があれば、自宅であれ、ひとりであれ、仕事を依頼していただけます。

5 セーフティネットとしての自宅仕事

事務所を借りると、何といっても固定費が生じます。

事務所があれば人を雇い、人件費もかかりますし、必要以上に仕事を増やしてしまうこともあるでしょう。

増やさない・大きくしないという選択をすれば、事務所は必要なく、固定費も生じません。

固定費というリスクを減らすことができ、さらには、トラブルがあったときのセーフティネットにもなります。

2019年に交通事故で3か月入院したときも、事務所を持っておらずよかったなと痛感しました。

そして2020年2月から新型コロナの影響で仕事のやり方を変えざるを得なかったときにも、事務所を持たず自宅で仕事をしていたことで、すぐに行動に移すことができています。

「自宅仕事術」は、事務所を持たず、単に形だけ自宅を事務所にするだけの、いわゆる「自宅兼事務所」とは異なるスタイルです。

自宅に事務所を作って書類があふれている状態や、自宅でしか仕事ができない状態では意味がありません。

自宅で仕事をしつつ、柔軟に変化に対応できるように工夫していくスタイルを、「自宅仕事術」と呼んでいます。

2020年は、新型コロナによる影響だけではなく、遠く離れた父の見舞いや告別式、自分自身の入院・手術などがありましたが、そういった環境の変化に対応しつつ、仕事をこなすことができたのも、「自宅仕事術」というスタイルのおかげです。

単に自宅で仕事をするだけでなく、変化や予期せぬトラブルに対応して仕事ができるようにしておきましょう。

ウイルスをはじめとして、災害や病気、けが、介護、育児など、これからさまざまな状況の変化が考えられる中、税理士として仕事を続けていくにはトラブルや環境の変化にどう対応していくかということが大事です。

それがなによりのセーフティネットとなりますし、「自宅仕事術」というスタイルから得られる恩恵といえるでしょう。

6 自宅仕事にはデメリットもある

自宅で仕事をするメリットは、次のようなものです。

・事務所の家賃や光熱費等がかからない
・通勤しなくてよい
・モノが2か所に分散しない

・ランチをつくることができる（安くておいしい）
・宅急便を受け取れる（ニューアイテムが届くときは特にうれしい）
・トイレで落ち着ける
・好きな服装で仕事ができる
・仕事道具を持ち歩かなくてよい
・合間に家事ができる
・家族と過ごせる
・新型コロナ感染リスクを減らせる

一方で、自宅仕事には、デメリットも考えられます。

・自宅という環境では集中できない
・税理士業の質を保つことができない可能性
・税理士としての機密を守れない可能性
・家族がいるから仕事にならない
・お客様から預かる資料の取り扱いに困る
・オンラインの環境を整えるのにどうすればよいか

・自宅にこもりっぱなしだと、運動不足や外部の刺激不足になる
・自宅だとかえって疲れる

確かにデメリットもありますが、事務所を借りていてもデメリットはあるものです。

自宅仕事のデメリットに対処しつつ、メリットを活かすノウハウについて、本書ではお伝えしていきます。

7 「自宅仕事術」の練習が必要

「自宅仕事」は楽ではありません。

楽ではないからこそ、自宅で仕事をする環境を整え、自宅で仕事ができるよう適応していかなければいけません。

私は新型コロナ以前から自宅で仕事をしていましたが、新型コロナ以後は、自宅にいる時間がより増えたので、その環境整備、適応にはそれなりに練習が必要でした。

2020年2月21日には対面でのセミナーと懇親会を行いましたが、その翌週の2月28日に開いた「WordPressブログ入門セミナー」からは、すべてオンラインによる対応に

切り替えさせていただきました。

３月に予定していた確定申告の打ち合わせ（1件）はオンラインに切り替え、税務顧問のお客様との打ち合わせも、順次すべてオンラインに切り替えています。

この2月28日から、仕事のスタイルを変えて、自宅メインにしました。

カフェで仕事、打ち合わせをする、外出して会議室でセミナーを行う、打ち合わせをするという選択肢を急遽なくし、完全に自宅のみで仕事をすることになったのです。

慣れない中、当初は、寝てしまうは、効率は下がるはで、大変でした。

それまで平日の昼間は、私ひとりが家にいる状態でしたが、妻はテレワークになり、娘は保育園を自粛し、３人になったわけです。

また、日々2時間ほど、娘を公園に連れていくようにもなりました。

自宅で仕事ができるよう、さらなる練習が必要となったのです。

これまでも次のようなことを練習してきましたし、今でも続けています。

・自宅で集中できる時間の使い方の練習
・机やカメラの最適な配置の練習（２０２０年に5回模様替え）

・自宅だけで仕事を効率的にする練習
・オンラインで会話する練習
・カメラに向かって話す練習
・画面共有、リモート操作などZoomの操作の練習
・ランチ、懇親会なしでコミュニケーションをとる練習
・動画編集の練習
・カメラ、照明、マイクなどを効果的に使う練習
・1日中自宅にいても、効率よくタスクをこなす練習
・自宅で眠くなったときの対処の練習
・家族と一緒にいながら仕事をする練習
・対面の仕事なしで食べていく練習
・オンラインで交流する練習
・対面なしで仕事の依頼を受ける練習
・娘との散歩の時間を加味した時間管理の練習
・自宅での生活をより楽しくする練習

自宅での仕事がうまくいかなくても、あきらめる必要はありません。

変化に対応するには時間がかかるものです。

うまくいかないからといって練習をやめてしまうと、いつまでたってもうまくなりません。

・自宅だと思うように集中できない
・寝てしまう
・落ち着かない

などといった状況を一度認めて、「ではどうするか」を考えましょう。

誰もが、「新型コロナ以前」のほうが長く慣れているわけですから、「新型コロナ以後」がうまくいかなくても当然です。

自宅での仕事にまったくメリットを感じないならやめるのも手ですが、可能性を感じるのなら、やり続けてみたほうがよいでしょう。

結論を出すのはそれからでも遅くありません。

今後、新型コロナ以外にも外的要因、内的要因により、自宅で仕事をせざるをえない状況になる可能性は誰にでもあります。

「自宅でも仕事ができる」状態にしておくこと、「自宅でも仕事ができるスキル」は身につけておいて損はないでしょう。

そして、この状況がしばらく続くであろうことも、あきらめて受け入れるべきです。

私も、対面で打ち合わせをしたいですし、対面のセミナーや懇親会をしたいという気持ちはありますが、あきらめることにしています。

今は、「自宅仕事術」の練習を続けていきましょう。

次章より、その練習に資するであろうヒントをお伝えしたいと思います。

第2章

自宅仕事でも集中する工夫

8 自宅で仕事に集中できるかどうか

自宅で仕事をする場合、「集中して仕事ができるのか」という課題があります。

事務所を借りて、場所を変えれば、仕事とプライベートの切り替えもしやすく、仕事にも集中しやすくなるものです。

自宅では、仕事とプライベートが混在し、仕事にもプライベートにも集中できない可能性があります。

特に、お子さんがいらっしゃると仕事どころではないでしょう。

夫婦であっても、これまでは自宅に自分ひとりだけだったのが2人になれば、環境は変わります。

そもそも仕事とは、自宅以外の場所でするもの。

そうであった時期のほうが長いはずですし、**自宅での仕事に集中できなくても、それはある意味当然のこと**です。

自宅という環境に適応するためには、それなりの工夫が必要です。

自宅で仕事ができるようになれば、事務所も借りずにすみ、プライベートを楽しむこともできます。

時間とお金のバランスもとれるようになるのです。

自宅で仕事に集中できるということは、大きな価値と意味があります。

私が工夫しているのは、

・早起きし、朝の時間をうまく使う
・自分で締め切りをつくり、適度なプレッシャーをかける
・効率化し、仕事の時間を短くする
・音をコントロールする
・場所を変える
・仕事を切り替える
・電話は使わない
・ノイズをインプットしない

といったことです。

自宅で仕事に集中する工夫をしていきましょう。

9 自宅仕事こそ早起きが大事な理由

独立後、自宅で仕事をしていれば、何時から仕事をはじめてもかまいません。4時からでもよいですし、10時でも、12時からでもよいでしょう。いつから仕事をはじめることができるか自由であることも、自宅仕事のメリットです。

私は4時から仕事をするようにしています。

4時に起床し、その後、トイレ、歯磨きなどをすませるとすぐ仕事を始めます。着替えもしません。寝巻きで普段も過ごしています。

着替えたほうが仕事のスイッチが入るのなら、そうしたほうがよいでしょう。私の場合は、パソコンを開けば、スイッチが入るので、格好は気にしません。

独立して長らく、早起きを続けてきています。

早起きをする理由として一番に挙げられるのは、集中できて効率がよいということです。朝は仕事をしている人が少ないため、静かに落ち着いて仕事ができます。

電話も鳴らず、メールも来ない時間帯をつくるというのが、早起きをはじめた当初の目的でした。

今も早朝の時間帯にはメールは来ませんし、もし来たとしても返信しません。9時以降に返信すれば十分でしょう。

電話は使わないので、早朝はもちろん日中も鳴ることはありません。

さらに、自宅で仕事をするなら、家族とも時間をずらすことができ、4時に起きれば少なくとも2時間から3時間はひとりで過ごすことができます。

この早起きの習慣は、旅行に行ったときにも役立ち、旅行先でも同じように目が覚めますので、そこで重要な仕事、習慣をこなすことができるのです。

また、私は、早朝の時間帯はもちろん、原則として午前中にも予定を入れないようにしています。

そうすれば、毎日4時から11時（ランチの時間）まで、7時間は自分だけの時間を持つことができるわけです。（今は、子どもの保育園へ送る時間帯だけ中断はありますが）

仕事を進めるには、集中できる、まとまった時間が欠かせません。

そのために早起きをする価値はあります。

早起きの秘訣は、
・アラーム、目覚まし時計などを複数使って何が何でも起きる
・朝起きてすることを決めておく（私は、データ整理、経理、メルマガなどといった習慣をしています）
・夕食を早めにとる、早く寝る工夫をする
といったものです。
心身ともに、早起きに慣れるには時間がかかります。
もし早起きを習慣にしたいなら、あきらめずに続けていきましょう。

10 スタートダッシュのためにパソコンの電源を切らない

朝起きてすぐに仕事ができるのが自宅仕事のよいところ。
そのためには、パソコンの電源を落とさないようにしましょう。

スマホ、タブレットがあったとしても、パソコンでないとできないことはありますし、パソコンのほうが楽で速いこともあります。
メールの確認もスマホやタブレットでできるとはいえ、それなりに長い文を入力するの

であれば、パソコンで入力したほうが速いでしょう。

ブログも音声認識入力でGoogleドキュメントに書きつつ、改行の位置ではEnterキーを押すので、パソコンの方がやはり速いです。

音声認識入力し、プログラムで変換後、手で修正することになるので、キーボードは欠かせません。

画像の処理もパソコンのほうが速いです。


しかしながら、パソコンをわざわざ立ち上げるのは面倒という方もいらっしゃるかもしれません。

ノートパソコンは電源を落とさないようにしましょう。

ノートパソコンは閉じればスリープ状態となり、バッテリーをほとんど消費しません。電源を落とさないと、パソコンが消耗するという考えもあるかもしれませんが、パソコンを通常使うよりも消耗しないでしょう。

そもそも仕事量を減らして、丸1日パソコンを使うことはやめたいものですし、パソコンの寿命は短いと考え、1年、長くても2年で買い替えたいものです。

電気代がかかるといっても、月に1000円も上がりませんし、仮に1000円上がるとしても私は電源を落とさないほうを選びます。

電源を落とさないメリットに比べ、パソコンの寿命が短くなる（短くなるとして）、電気代が多少かかる（かかるとして）、といったデメリットは小さいものです。

電源を落とさなければ、ノートパソコンをぱっと開いてすぐに仕事ができます。

立ち上げているソフトもそのまま使い始めることができ、前日にソフトを終了させる手間もかかりません。

11 iPad、パソコンで朝一番にサイトをチェックする

毎朝必ずみるサイトはiPadでチェックしています。

みるだけならiPadが速くて便利だからです。

そのスタートの1つとして、毎朝みるものを決め、すぐにみることができるようにしています。

情報収集、チェックなど、今みているのは13個です。

・feedly（ブログ更新チェック）

・Facebook
・Twitter（TweetDeck）
・WordPress（ブログの前日のアクセス数や検索キーワードチェック）
・Instagram
・Google AdSense（ブログ収入）
・Amazonアソシエイト（ブログ収入）
・Kindle（Kindle本の売上）
・Moneytree（預金やクレジットカード残高をチェック）
・moca（カレンダー）
・SOELU（オンラインヨガ、今日の予定や予約をチェック）
・dマガジン（その日発売されたもので読むものを決める。読めれば読む）
・Gmail

feedly、Facebook、Twitter、Instagramは、みるものを厳選しています。ニュースサイトはみません。

お金のチェックとして、MoneyTreeに全財産（連動しているもの。預金、クレジットカード、金融資産等）を入れておき、それが減ったか増えたかをみています。
ブログ、Kindle の売上は、前日のものがリアルタイムにわかるしくみです。
その他、売上、使った経費・家計は、Excel に毎日記録し、集計し、チェックしています。

iPad は、みるだけであればパソコンより速くて便利です。
タッチを使って手元で操作できるのも大きなメリットといえます。

以前はパソコンの Google Chrome でこれらのサイトが開くようにしていました。
Google Chrome の設定の［起動時］で、［特定のページまたはページセットを開く］にページを登録すると、Chrome を立ち上げたときに、どのサイトを開くかを設定することができるのです。

今は、毎朝みるだけのものは iPad、毎朝操作が必要なものはパソコンの Google Chrome で準備し、次のようなページを開いています。

・ブログの管理画面
・音声認識入力をする Google ドキュメント

・音声認識入力を補正するプログラム（GAS）の画面
・ブログのページ
・メルマガ配信サービス（オートビズ）
・経理を音声認識入力した結果のGoogleスプレッドシート
・カレンダーをデータ化するためのGoogleスプレッドシート（週1回、金曜日だけ使う）
・ホームページ
・ホームページの更新画面

みるだけのサイトはiPadでチェック済ですので、パソコンでみる必要はありませんし、**つくる仕事に集中できるというメリットがある**のです。

12 やるべきことを朝、計画する

私は毎朝、やるべきことを計画しています。

Evernoteにメモしたタスク＝やるべきことを整理して、Excelにコピーし、それをいつ実行するかを決めています。Evernote以外にメモした場合、たとえば手書きでメモ、タブレットにペンでメモしたものは、パソコンで入力します。デジタルで、かつ、一元管理することが欠かせないからです。メモしたものがちらばっていては、やるべきことを忘れてしまいます。

自分がやるべきことはすべてリスト化されているという状態を目指しましょう。必ずメモし、必ずリスト化すれば、やるべきことを忘れることはなくなります。

そして、やるべきことは、日付と見積もり時間を必ず入れるようにしましょう。「いつかやりたい」というものでも、日付を仮でもつけて入れておきましょう。そうしないといつまでたっても実現しないからです。

また、それぞれのやるべきことにどのくらいの時間がかかるかを見積もって入れておきましょう。

時間を見積もらないと、管理の意味がありません。

あれもこれも入れてしまい、結局中途半端になってしまいがちです。

私はExcelに自作のプログラム（Excelマクロ。VBA）を入れています。

時間を見積もり、それを合計して現在の時刻に加算すると、今日の何時に仕事を終えるかがひと目でわかるしくみです。そして、その見積もりと実績を記録し、比較していきます。お金の予算実績管理と同様に、時間の予算実績管理をするわけです。

時間の見積もりは、少なくなりがちで、**簡単にできると思った仕事ほど結構な時間がかかっている**場合があります。

・月次決算のチェックが20分で終わると思っていたら、80分かかった
・メールのやりとりに、思った以上に時間を費やしていた
・調べ物をしていたら、あっというまに1時間たってしまう

ということはありえるでしょう。

その時間の感覚のズレを微調整していくのが、やるべきことを管理するのに欠かせないことです。

1日に仕事ができる時間は限られています。効率化することも大事ですが、膨大な量の仕事があったら、到底こなせません。そのことを自分に染み込ませるためにも、時間を意識した管理をしてみましょう。

自宅で仕事をするのであれば、時間を管理することは最も重要なタスクなのです。

13 自分で締め切りをつくる

集中するため、締め切り効果を自分でつくるようにしています。

決算という締め切り、月次決算という締め切りはもちろん、お客様と意図的に締め切りをつくることもあります。

決算でいえば、「少しきついかな」というぐらいの日程で打ち合わせ、報告日を設定するわけです。そうすれば、締め切り効果もあり、集中して仕事ができます。

もちろん、その日までにできないということは避けなければいけません。

準備ができてから打ち合わせの日程を決めていると、集中して仕事が進まない場合もあります。

税理士業の締め切りは、木曜日です。

金土日祝は税理士業をしないと決めています。

毎日は、遅くとも18時が締め切りです。

毎日する仕事をつくっている理由の1つは、**適度な締め切りをつくり、集中し、自分がさぼらないようにするため**です。

毎週する仕事は、金曜日を締め切りとしていますので、それをこなすため平日の月曜日から木曜日までに集中しなければいけません。

ただ、毎週の仕事の1つである週刊メルマガはその分量が多いので、平日毎日の習慣として分割して進めています。

セミナーを自主開催しているのは、締め切りをつくるためでもあるのです。

締め切りが少ない時期にセミナーを開催し、常に、適度な締め切りがあるようにしています。

自主開催であれば、日にち、時間は自由です。

要望に応じて開催することもありますが、ほとんどは、自分で決めています。

自宅で集中して仕事ができるように、締め切りをつくることを意識してみましょう。

14 ランチまでの締め切り効果を活用

自宅仕事で集中力を高めるために、ランチまでの締め切り効果を使いましょう。

朝起きて朝食を仕事の前後に食べるとして、次の大きな区切りはランチです。

私の場合は４時に起きてランチが11時なので、そこまではひとりで集中して仕事をしています。

原則として午前中にはアポも入れません。

これは新型コロナ以前からしていたことです。

そうすることによってまとまった時間、集中できるのです。

11時という区切りが決まっていますので、もう少しでランチになるからもうひと踏ん張りしなければと、集中力が高まります。


この11時までの間に、朝の習慣とメルマガ、ブログ、そしてその日にすべき大事な仕事をするようにしているのです。

むしろ11時まで仕事をして、その後は仕事をせずに休んで遊んでもよいくらいの時間管理にしています。

それくらいの余力を持っておかないと、トラブルがあった場合に対処できません。

そして、ランチをゆっくり楽しむ余裕を持ちましょう。

そんな時間の余裕はないと思われるかもしれませんが、ランチをゆっくり楽しむ余裕を持てるほどに、ランチまでの時間、仕事に集中したいものです。

15 集中するための効率化

自宅仕事で集中するには効率化が欠かせません。

そうそう長い時間、集中して仕事ができないからです。

集中力を高め、仕事をする時間を短くしましょう。

効率化の第一歩はやめることです。

仕事量が10あるとして、効率化することで9や8にすることも大事ですが、もしそれをゼロにできるのであれば（しかもすぐに）大幅な効率化が図れます。

・今まで何となく続けていたこと

・改めて考えてみると意味がないこと
・本当はやめたかったこと、やめようと思ってできなかったこと
などをこの機会にやめてみるというのも手です。


効率が落ちるというピンチの中でないと、真剣に考えられないこともあるでしょう。

私自身はあらかたやめてきましたが、2020年にもさらにやめたものがあります。

・ネットサーフィン、ネットを見る時間を減らした
・メルマガの購読をやめた
・仕事を1つやめた

やめるといっても、**自分の中で優先順位が高いものは、絶対に守りましょう。**

私の場合は、日々の習慣であるブログ、経理やメルマガ発行、読書などは欠かしません。

プライベートでも、趣味や家族との時間は守っています。

これらをやめれば、数時間がつくれますが、それ以上に失うものも大きいからです。

優先順位を守るべく、効率化のために時間やお金を投資していきましょう。

今はすぐに結果がみえないとしても、今後に向けた投資は欠かせません。

時間でいえば1日30分は、効率化のための投資をする価値はあります。

Amazonで「効率化」や「時短」と検索してその本を読んでみるというのもよいでしょうし、ネットで検索してみるのも、できることです。

また、目の前の仕事をするときに、効率化を考えるのも大事で、たとえば20分で終わる仕事をさらに10分かけて効率化のために整理をしたり、やり方を工夫したりということをしています。

そもそもこの仕事はどういう意味があるのか、他の仕事にも応用できることはないかと考えることも、遠回りのようで着実な効率化です。

その仕事をするときに効率化を考えたほうがやる気もおきますし、より実践的な効率化ができます。

集中して仕事ができる状態でないのであれば、時間の使い方を考えなければいけません。

・早朝や夜を利用する
・集中できるチャンスを逃さない
・集中できる環境を多少はつくる（イヤホンをする、可能な場合は場所を変えるなど）

といったことをしてみましょう。

16 今の環境で集中できるようにする

自宅仕事で集中するため、今の環境を変えないまま、できることはしてみましょう。

たとえば、家族とのルールを決めることです。

平日に日中や集中したい時間帯は、話しかけない、電話しないと決めておくことはできます。


自宅にいるからといって休日と同じように過ごせるわけではありません。

集中してこなすべき仕事もあるわけです。


自宅仕事は、「家にいない＝仕事、家にいる＝プライベート」というわけではなく、夫婦間、親子間で、自宅仕事という環境に慣れていく必要があります。


家族がいて、少々音がする環境でも仕事ができるよう慣れていきましょう。

私はリビングで仕事をすることに慣れました。

やり続ければ適応できるものです。

娘が目の前で遊んでいても、動画をみていても仕事はできます。

ただし、TV番組を流しっぱなしではできません。

番組やCMにストレスを感じるからです。

自分にとって、どういった環境なら仕事ができるか、どういった環境は絶対ダメなのかを把握し、家族とも共有しましょう。


集中する環境として、音が重要な要素の1つです。

集中したいときは、イヤホンや耳栓をするというのもよいでしょう。

周りの音をなくすと集中しやすくなります。

私が音を遮る目的で使っているのは、Shure の SE535 です。

SE535 に限らず、Shure のイヤホンは遮音性が高いので、試してみましょう。

自宅だけではなく、移動中やカフェでも快適です。

ノイズキャンセリングイヤホンに比べても、確実に人の声を遮ってくれます。

人の声が気になるなら、Shure のイヤホンがおすすめです。


イヤホンをしていることは、傍目にもわかりやすいので、「今集中したい」と家族に知らせるときにも役立ちます。

「イヤホンを付けているときは、集中させて」というサインにもなるものです。
ここぞというときに使いましょう。

17 集中力を乱す電話を使わない

自宅での仕事と電話は相性が悪いものです。

自宅で集中して仕事をする、という観点からは、電話がネックになります。

そのとき何をしているかによって、電話を取れない時もあるはずです。

仕事をしているときだけではなく、子どもをあやしているときかもしれませんし、自分が食事中かもしれません。

ひょっとすると昼寝中に電話がかかってくることもあるでしょう。

電話の音を出していて、寝ていた子どもが起きるなんてことがあったら、がっかりです。

仕事中なら電話を取れるかというと、そういう問題ではありません。

気が散りますし、集中力をそがれ、**元の集中力に戻すにはそれなりの時間を要します。**

集中力のコントロールがうまい人なら問題ないでしょうが、私はそうではないので、電話を断たざるをえません。

そもそも、電話が目の前の仕事より優先するという図式がおかしいのです。

打ち合わせ中はもちろん、ひとりでパソコンに向かって仕事をしているときも、私は仕事をしています。

お客様のお役に立つために何かをつくりだしている大切な仕事中です。

集中力がそがれるということは、その仕事の優先順位を下げることにつながります。

電話をなくしていきましょう。

しかしながら、電話を使わない工夫をしなければ、いつまでたっても電話はなくなりません。

電話も使うほうが、仕事の幅が広がることは確実であり、電話を使わないということは、仕事の選択肢も狭まります。

そのようなデメリットを受容する覚悟が必要ですが、自宅で集中して本気で仕事をしたいのであれば電話とは決別すべきでしょう。

18

12時間ネットを断つ

情報が多すぎるとそれはストレスになるものです。

私はストレスとなる情報を「ノイズ」と呼んでおり、自分が好まないものや自分がイラッとするもの、悲しくなるような情報は極力入れないようにしています。

ネット上の一般的なニュースサイト、テレビ、新聞などからは一切情報をインプットしません。

ネットから情報を得るのであれば、こちらから取りに行くようにしています。

しかしながら、２０２０年1月末頃から状況が変わりました。

新型コロナの情報を仕入れざるをえなくなったのです。

情報量が増え、普段みないニュースサイトを目にし、ノイズが目に入り、2月頃は結構まいってしまいました。

そこで3月からやり始めたのが、ネットを断つということでした。

ネットを断つというのは、ネットでニュースやSNSをみないようにするということです。

16時から翌朝4時、つまり自分が起きるときまで、ネットを断つようにしています。その間の7時間ほどは寝ていますのでネットを断つのは、実質5時間や6時間ではあるのですが、その時間だけでも外部のノイズを入れないことでリラックスできます。

時間をつくるために、ネットを12時間断っているわけです。

情報で疲弊していたら、娘と遊ぶ気力もなくなります。

12時間の間、情報を断ち、最新の情報が入らずにどうするのかと思われるかもしれません。夜に何か重大な発表がある可能性もあります。

その「最新情報」はそうそう必要とするものでもありませんし、すぐに動かなければならないほどのことはほぼありません。

税務の情報もそこまで急を要するものはあまりないでしょう。

もし本当に危急の情報であれば、ネットを断っていてもどこからか自然と入ってくるものではないでしょうか。

そんな情報よりも12時間ネットを断つことにより、**自分にかかる負荷を減らし、日中のパフォーマンスを上げる**ことに集中したほうが、全体のバランスはとれます。

最新情報よりも、自分に必要な情報をインプットして自分の頭で考えることが大事だと思いますし、むしろ自分の頭で考えるために必要な情報だけを集めましょう。

ニュースをみたりインプットをしたりしても気にならない、すぐに切り替えることができる方であれば、こんなことはしなくてもよいかもしれません。

私は、外部の情報に触れすぎてしまうと、集中力が保てなくなり、へこんだり、イライラしたりということがあるので、こういうことをしています。

もし、同じように感じる方は、ネットを断つということを試してみるとよいでしょう。まとまった時間リラックスし、時間をつくることをおすすめします。

19 ネットサーフィンのチェックにブラウザの履歴を使う

仕事中のネットサーフィンを減らすために、ブラウザの履歴をチェックしています。つらいのですが効き目があるのでおすすめです。

ネットサーフィン。

ブラウザでネットをなんとなく見続けてしまい、気がつくと時間が結構たっているなんてことがありませんか？

私は結構ありました。

もちろん意味がある調べものならよいのですが、そうではないものは極力なくしたいところです。

私は自分を戒めるために前日のブラウザの履歴を毎朝チェックしています。

このブラウザの履歴を見ると自己嫌悪に陥りますが、もしそうなるのだったらネットサーフィンをやらなければよいだけの話です。

この履歴をみるようになって、ネットサーフィンは減りました。

ブラウザの履歴は、どこまで見返すかによりますが、前日のものをさらっとみれば十分でしょう。

パソコンでみることができるのは、パソコンの履歴のみです。（タブレットやスマホで開いたタブは確認できます）

タブレットやスマホの履歴は、それぞれでチェックしなければいけません。

ネットサーフィンをするのはタブレットやスマホであることも多いので、必要であればそれぞれチェックしたほうがよいでしょう。

私は仕事が終わった後、夜は主にタブレット（iPad）でネットをみたり、風呂の中でスマホを使ったりしてネットサーフィンをしてしまうことがあるので、それぞれで履歴をチェックしています。

チェックすると本当に落ち込むこともあります。ゲーム、カメラ、ガンダムなどといったことを調べていると、結構な時間を使ってしまいます。

定期的にチェックするかはともかく、一度履歴をチェックしてみましょう。

20

自宅でも同じ場所で仕事をしない

仕事をしていて、肩がこる、腰が痛い、手が痛いなどといったことはないでしょうか。

座りっぱなしが多い税理士業。数字を見て考えることも多い税理士業。

体にも負担はあります。

こういった痛みがあると、集中できず、仕事もすすまないでしょう。

何らかの対策をしたいものです。

運動と違って、仕事は、一見、疲れないのが問題なのです。息が上がったり、汗をかいたりすることはありませんが、体にダメージはじわじわとたまっていくものです。気をつけましょう。

自宅であれば、プライベートと仕事の切り替えがうまくいかず、ずっと仕事をしてしまいがちです。

仕事は、本来楽しいものですので、長時間仕事をしすぎないよう、なおさら気をつけなければいけません。

仕事で体に痛みを出さない第一の秘訣は、「仕事をしすぎないこと」。

長時間、仕事をすれば、体に負担がかかります。**仕事量をコントロールし、プライベートも楽しみつつ、体に負担をかけすぎない**ようにしましょう。

私が研究した結果、体への負担を減らすポイントは肘です。アーム（肘置き）が調整できる椅子だと、パソコンを使いながら肘を置くことができ、体重を分散できます。肘の部分にクッションを置いてもよいでしょう。

キーボードを使うときに手首を置くリストレストもおすすめです。

ジェル状のもの、固い木製のものが気に入っています。

その上で、私が心がけているのは、同じ場所で仕事をしないことです。同じ場所で仕事をすると、同じ姿勢でこりかたまってしまいます。椅子や机を工夫しつつも、同じ場所、姿勢でいることをさけましょう。

私は、クッションで仕事をしたり、スタンディングデスクで立って仕事をしたりして、体にかかる負担を分散させています。

どの場所でも気をつけているのは肘です。クッションに座って仕事をするときには、肘をクッションに置くことで、負担が分散します。

21 気分転換にカフェを使う

自宅だけで仕事をしていると行き詰まってしまいます。気分転換にカフェを使ってみるのもよいでしょう。

メールや書く仕事、セミナーの準備、勉強など、外でできる仕事もあります。カフェで仕事をしたり、会議室を借りて仕事をしたりすることで、気分を変えて仕事ができるものです。

外で仕事をするとなると、ネット環境、セキュリティ、ノートパソコンの電源管理、データの共有など学べることもあります。あえてバッテリーのみで仕事をし、**その限られた時間で集中するのもおすすめ**です。

私自身、新型コロナ以前に比べるとカフェで仕事をするのは抵抗がありますが、広めのカフェに行くことはあります。

ただ、自宅で仕事ができる環境をつくり、その環境に慣れたこともあり、外で仕事をすることはかなり減りました。

中長期的に考えれば、家族と仕事を両立し、自宅で仕事に集中できるようにしておきたいものです。

気分転換にカフェで仕事をする際には次のような点に気を付けましょう。

・持ち運べるノートパソコンを使う
・ノートパソコンの電源管理を工夫する（モバイルバッテリー、コンセント）
・機密情報、特に紙を持ち出さないような工夫をする
・電話を使わずにすむ仕事にシフトする（その場で出ることができませんし、かけること

もできません）

・安全にネットにつなぐ術を知って使う（カフェの無料Wi-Fiは使わない）

・狭いスペースでも仕事ができるようにマウスを使わない（キー、パッドを使う）

・お気に入りのカフェを複数見つける

22 集中するために仕事を切り替える

同じ仕事をしていると飽きてきます。

複数の仕事を切り替えましょう。

その中にプライベートの楽しみや家事も入れるとよい刺激になります。

自宅仕事ならではです。

税理士業という仕事のメリットの1つは、1日中同じ仕事をしなくてよいことだと考えています。

たとえば、A社、B社、C社の仕事を少しずつすることもできるわけです。

・A社へメール送付

・B社の会計データチェック
・C社の決算業務
・A社のデータ整理

と、仕事内容やお客様を変えることもできます。

税理士業以外に売上の柱をつくっている理由の1つは、仕事を切り替えることができること。

異質の仕事を持っていると、切り替えの効果も増えるのです。

本書執筆現在は、こういった仕事をしています。

・税理士業
・ブログ
・メルマガ（毎日、週刊、随時のもの）
・セミナー
・オンラインサロンでのライブ配信
・新刊の執筆
・Kindle 出版

・個別コンサルティング
・メールコンサルティング
・動画音声販売
・YouTube の収録、編集、アップ

セミナーも複数のものをしていますので、それぞれで切り替えができるのです。

書くことでも、メディアでいえば、メルマガ、ブログ、本など、方法でいえば、タイピング、音声認識入力、写真を使うかどうかなどで切り替えることができます。使うソフトを変えるのも、よい切り替えです。

疲れや負荷の分散にもなります。


税務ソフトを使ったあとに、Adobe Photoshop を使ったり、Excel を使ったり、プログラミングしたりしています。


ただし、**仕事を切り替えられるだけの時間的余力も必要**です。

たとえば、今日中に仕上げなければいけない仕事なのに、「集中力を保つために仕事を切り替える」なんてことはできません。

締め切り・納期までの時間的余裕があってこそ、自分の好みで切り替えて仕事ができるわけです。

23 ＴＶ、動画、音楽、ながら仕事は効率がよいのか

自宅には、ＴＶや音楽など、誘惑がたくさんあります。

誘惑をうまくコントロールしましょう。

逆に、これらを**うまく利用することで、集中力アップにつながる**ものです。

私の場合、
・音楽を聴きながら
・動画をみながら
といったように、ながら仕事をしたほうが集中できます。

ただし、音楽にしろ動画にしろ、ながら仕事のときに流すものは自分が選んだものだけです。

そうではないものがランダムに流れるテレビやラジオは一切使っていません。

もしテレビをつけながら仕事をしていたら、ながら仕事はできないでしょう。

気が散るからです。

自分が選んだ動画であれば、気が散ることもなく、問題ありません。

Netflix、ガンダムファンクラブなどといった動画配信サービスを利用することもありますし、ブルーレイや4KUHDを流していることもあります。

音楽も同様です。

ランダムに音楽を流すことはせず、自分が気に入っているものだけを流すようにしています。

外（カフェなど）なら音楽ですが、自宅では、ながら仕事は動画のほうが圧倒的に多いです。

仕事によっては動画や音楽をやめています。

たとえば、音声認識入力は、ながら仕事ができません。

声を出し、自分の声を聞きながら確認しているからか、ながら仕事だとうまくいかないのです。（慣れかもしれませんが）

音声認識入力後のテキストを修正するところからは、動画や音楽をスタートさせます。

文章をタイピング入力するときも、ながら仕事はできますので、音声認識入力以外であれば私はながら仕事ができるタイプです。

当然、YouTube の収録も、ながら仕事はできません。

ながら仕事には賛否両論あるかと思います。

集中力に欠ける可能性もあるからです。

ただ、自分がしてみて問題ないのであれば、独立後は仕事をする環境は自由ですし、してもよいのではないでしょうか。

むしろ、独立前の、まわりがガヤガヤしたり、誰かが話しかけてきたり、電話が鳴ったり、くしゃみしたり、お茶をすする音が聞こえたり、というほうが私は嫌でした。

娘が目の前で遊んでいてもまったく問題なく仕事はできます。

飛び込んできたり、話しかけてきたりしたら厳しいですが、好きなものなら気にならないというところでしょうか。

24 眠くなったときの対処

自宅で眠くなったら、とことん寝てしまいかねません。

仕事中の眠気を防ぐためには工夫が必要です。

まず、自宅ならではの解決策として、思い切って寝てしまうという方法があります。

ただ、ぐっすり寝てしまうと起きることができなくなりますので、アラームをかけて15分後に起きるということにしてみましょう。

もし家族がいれば、起こしてもらうように頼むというのも手です。

眠くなったときには自宅の中で場所を変えたりしています。

リビングのテーブルで仕事をしたり、スタンディングデスクで立ちながら仕事をしたりすることでも眠気を覚ますことができるのです。

飲み物を飲むのも有効ですが、カフェインには頼りすぎないようにしています。

カフェイン入りのコーヒーを飲むとしても1日に1杯までと決めており、基本的に飲むのは、ノンカフェイン（デカフェ）のコーヒーです。

カフェインに頼らず集中力を身につけたほうがよいかなと考えたのですが、事実、効果がある気がします。

何より、寝つきや目覚めがよくなりました。

暑くなったころ、アイスコーヒー（カフェインあり）を飲んでいた時期もありましたが、そのときはやはり目覚めが悪くなりました。

気分的なものかもしれませんが、気分は大事なのです。

そもそもカフェインに疑問を持ったのはトライアスロンやマラソンをしていたときです。レース中にカフェイン入りの補給食をとると直後はパワーが出るのですが、その後に急激に疲れたり、カフェインの効きが悪くなったりすることを、身をもって感じていました。だからこそレースの終盤までカフェインは温存していました（スイム3・8㎞バイク180㎞ラン42・195㎞のレースでは、ラン30㎞までカフェインは温存）が、そもそもカフェインに頼らずにパフォーマンスを上げるのがよいのではないかと感じていたのです。

カフェインなし生活でもやっていけるようになったのは、よかったかなと思います。

カフェインを利用しようが利用しまいが集中力を保つということが大事です。

独立後は、他人に干渉されることはありませんので、自分の集中力さえ最大限に高めておけばパフォーマンスを発揮できます。

眠くなったら家事をするなり、目が覚めるようなことをするのも大事です。

ウトウトして集中力が切れている中、仕事をしても効率はあがりません。

ランチを食べ過ぎないようにする、ランチの後にすることを決めるというのも、寝てしまわない工夫のひとつです。

気分転換に外に出かけることもできます。

それでも眠くなる場合には自分は疲れているのではないか？　前日眠りが浅かったのではないか？　ということを考えましょう。

根本から改善していくべきです。

また、眠くなるような仕事であれば、根本的になくすべきでしょう。

眠くなるとオンライン打ち合わせに寝過ごしてしまう可能性もあります。

予定がある場合には、予めアラームをセットしておきましょう。

自己と時間を管理できるように予定を入れすぎないことも大切です。

25 PS5、Switchがあっても仕事ができる

自宅だと誘惑があって仕事に集中できないという悩みがあるかもしれません。

部屋に遊び道具があっても仕事ができるようにしましょう。

私の場合はゲーム機がそばにあっても集中できるようになりました。

まず自分の中で、「平日日中はゲームをしない」と決めています。

ゲームを始めてしまうと、当然仕事が進みません。

例外として、新作ゲームが届いたときだけ、最大1時間してよいことにしています。

それ以外は日中にはゲームをやりません。

ルールを決めてそれを守るだけですが、実はとても難しいことです。

自宅で仕事をする以上、遊びと仕事を完全に分離することはできません。

部屋を完全に分ける方法もあるでしょうが、やろうと思えばその部屋にSwitchを簡単に持ち込めます。

ゲーム機でなくても、タブレットやスマホでゲームをすることもできますし、漫画を読むこともでき、パソコンで遊ぶことなんていくらでもできるものです。


仕事と遊びを完全に切り分けることは無理だと早々にあきらめて、自分の中のルールで制御するしかありません。

もちろん、最初のうちはなかなかできることではありませんから、どうしても駄目だというときは、1時間遊んで1時間仕事をするという慣らし運転もおすすめです。


思い切って、午後は遊んでよいとするのも手でしょう。

自宅で仕事をする場合に、みっちり9時から17時まで仕事にしなければいけないわけではないからです。

仕事と遊びをうまく融合しつつ、すると決めたことはきちんと終えれば、いくら遊んでもかまいません。

私は今日1日やるべき仕事を朝のうちに計画しています。

いわゆるタスク管理です。

Excelに今日1日する仕事=タスクを入れ、時間を見積もり、そのすべてが16時には終わるように計画しています。

計画がある以上、ゲームをしていたら、計画通り進みません。

ブログを書いている時間にゲームをすれば、ブログにかかった時間がわからなくなります。

仕事の計画をし始めたのは独立してからですが、今では集中して仕事をするのに欠かせないものとなりました。

もし、どうしてもゲームをしたいなら、この計画に含めるという方法もあるでしょう。

私は、日中の計画をしたら、あとは自由という形にしています。

もし、**仕事よりゲームや遊びを優先してしまうのであれば、「仕事より遊び」という関**

係性に陥っているからです。

私の場合**「仕事＝遊び」という位置づけで、遊びであるゲームと同じぐらい仕事が楽しいもの**ではあります。

早朝から日中に仕事をして、夕方や夜はゲーム、遊びという区分けにしているにすぎず、両者を区別する意味はさほどありません。

私にとってはどちらも楽しめるものだからです。

独立当初は決してそういい切れませんでした。

憂鬱な仕事もあり、楽しいゲームについ逃げてしまいたいこともありました。

しかし、今では楽しめる仕事しかしていませんし、楽しい（楽しいであろう）仕事しか受けていません。

第3章

自宅仕事の環境整備

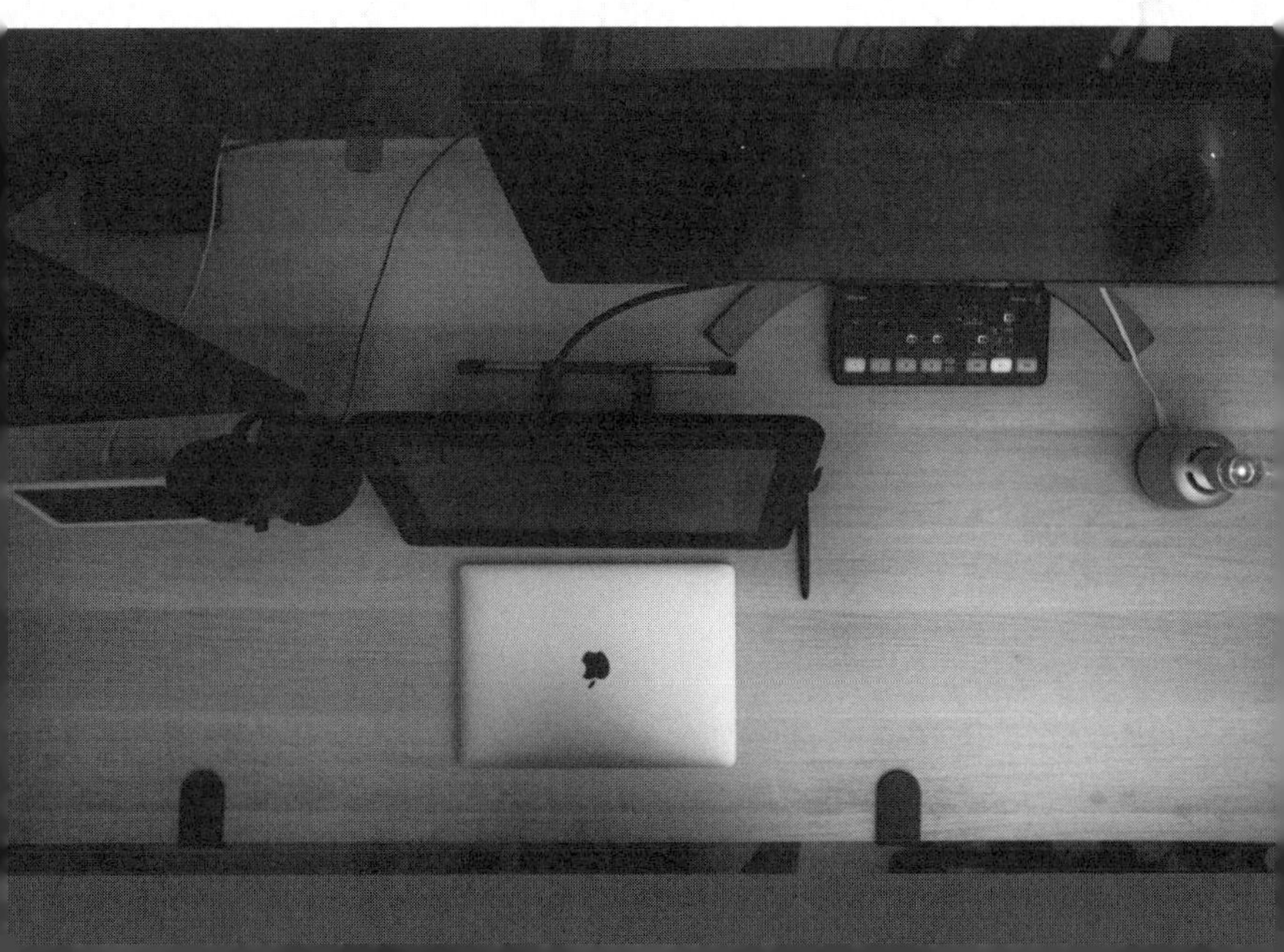

26

大きい机を買おう

仕事ができる場所を確保できるなら、大きな机を買いましょう。


私は、１５０㎝×75㎝の机を使っています。

大きい机を昔から愛用しているのは、ディスプレイをはじめとして、仕事の効率化のために置くべきものがあるからです。書類を広げるためではありません。

もともとペーパーレスなので、書類を広げるスペースは必要ないのです。

机の上には、ペン（紙に書くもの）をはじめとする文房具もなく、プリンター、シュレッダー、スキャナーなどもありません。


机に置いているのは、次のようなものです。

✣ ディスプレイ（LG　34インチ）

デスクトップパソコンにつないでいるメインのディスプレイ。

ノートパソコンにつないで、デュアルディスプレイにすることもあります。

✣ ディスプレイ（DELL　23・8インチ）

モニターアームを使って縦で使っています。

デュアルディスプレイのほか、Zoom のときに、自分のカメラ映像の確認や、お客様の顔を映し出すことにも使っているものです。

机の奥に立ててある三脚につけたカメラと同じ高さに調整しており、自然な角度で話せるようにしています。

オンライン打ち合わせや動画収録に使っているカメラとレンズは、SIGMA fp と 35mmF1.2 です。

✣ 液晶タブレット（Wacom Cintiq16）

デスクトップパソコンにつなぎ、ペンを使えるようにしています。

オンライン打ち合わせ、セミナー、ＰＤＦ原稿のチェックに便利なものです。

✣ マイク（Blue Yeti X）

音声認識入力や、オンライン打ち合わせ、セミナーに欠かせないマイク。

音をよく拾ってくれ、ノイズが入らないものを選んでいます。

✣ スピーカー（SONY LSPX-S2）

オンライン打ち合わせのためのスピーカーで、デザインも気に入っています。

✣ スイッチャー（ATEM Mini）

複数のカメラを切り替えることができるスイッチャーといわれるものを置いています。

✣ キーボードスライダー

机に引き出しのように取り付けて、キーボードとマウス、リストレストを置き、スライドさせて使います。

机よりも低い場所でキーボード、マウスを使えるので、肩への負担が減るものです。

✣ その他

そのときどきに応じて、娘が書いてくれた絵や、アイアンマンのフィギュア、ガンプラ（シャア専用ザク、サザビー、ユニコーンガンダム）、炭治郎などを置いています。

✣ AIスピーカー（Google Nest Hub）

声で操作できるスピーカー。

照明のオンオフにも使っています。

声でメモできるようにしておくと、仕事をしながらメモをするのが楽です。

また、Googleフォトの写真をランダムで表示できるようにしているので、家族の写真がうつってなごみます。


150㎝の机を使っているもう1つの理由は、空間です。

十分なスペースがあり、**目の前の視界が開けます。**

その空間にお気に入りのものだけを置いておくというのは、仕事上の環境を整える上で大事です。

目の前の仕事に集中するため、他の仕事を思い起こす可能性があるもの、書類は置きたくないのです。

ふせん、メモなども一切使いません。


書類を広げなくても、その空間で集中力を確保するために、大きめの机を使っています。

もちろん、空間でいえば部屋が広ければよいのですが、予算的にそれはなかなか難しく、机の上の空間であればまだ実現しやすいかと考えたわけです。

部屋全体で仕事をするわけでなく、机の上で仕事をするわけですから。

もちろん、机が広ければディスプレイを置きやすいということはありますが、ディスプレイを常に使っているわけではありませんので、ディスプレイを置くというのは副次的な話です。


大きい机、試してみていただければと思います。

27 デュアルディスプレイで仕事をする場所を広くする

パソコンのディスプレイが大きいと、仕事の効率は上がります。

しかしながら、ディスプレイが大きいノートパソコンは大きく重く、ノートパソコンの良さがなくなってしまいます。

かといって、小さく軽いノートパソコンだと画面が小さくなってしまいます。

私の感覚では、ディスプレイが11インチ以下だと画面が小さく、13インチだとバランスがよく、15インチだと画面は大きくなりますが、重く感じます。

ノートパソコンの画面の小ささを補うには、デュアルディスプレイがおすすめです。ノートパソコンにディスプレイをつないで、仕事で使う画面を2つ（デュアル）にします。

そうすれば、自宅にいるときは、広い場所で仕事ができるわけです。

自宅で仕事をする場合は、大きなディスプレイを置ける場所を確保しましょう。

机も大きめのものがよいということになります。

デュアルディスプレイとして今使っているのは、34インチのワイドディスプレイ（横長）LG 34WL750-Bです。

ノートパソコンにHDMI端子があれば、ディスプレイをHDMIケーブルでつなぐことができます（USB-C端子でつなぐことができる機種もあります）。HDMI端子がない場合は、別途アダプターが必要です。

ディスプレイは、大きめのものを選びましょう。今だと、21インチで1万円ほどです。私の34インチは、7万円ほどでした。24～27インチくらいの大きさはほしいところです。

また、ベゼルというディスプレイの画面のふちが小さいものだと、見た目もよく、限られたスペースを有効に使えます。ベゼルが大きいと、その分画面が小さくなります。

ディスプレイにあると便利な機能は、高さ調整です。好みの高さに変えることができます。

モニターアームも便利です。

ディスプレイを宙に浮かせ、自由に動かし、位置や高さを調整することもでき、机のス

ペースを有効に使えます。（私は縦にできるディスプレイを縦にしてモニターアームで使っています）

持ち運べるタイプのモバイルディスプレイもありますが、ディスプレイ自体の性能は低く、見やすいとはいえません。

自宅なら、モバイルタイプではない通常のディスプレイを使うのがおすすめです。

大画面のディスプレイを効率的に使うには、効率的な操作が欠かせません。

大事なのは、マウスです。

通常のマウスだと、大きな画面でポインタを動かすだけで、疲れてしまいますので、トラックボールマウスを使いましょう。

腕を動かさず、指でボールを動かすことでマウス操作ができます。

私が使っているのは、ロジクールのM575です。

どんなに大きな画面でも瞬時に操作できます。

トラックボールマウスは、慣れるまで時間が少しかかりますが、練習しましょう。

28 自宅ではデスクトップパソコンではなくノートパソコン

今や税理士の仕事もパソコンがメインであり、そのメインの道具であるノートパソコンへの投資は惜しみたくないものです。

デスクトップパソコンではなく、ノートパソコンを使いましょう。デスクトップパソコンは、持ち運べないからです。ノートパソコンなら、外に持ち運ぶこともできますし、お客様先に持っていくこともできます。

パソコンを持ち歩くと仕事のやり方も変わるものです。その場で、打ち合わせしながら決算予測、納税予測、資金繰り予測をすることもできます。

ただ、新型コロナ以後は、持ち歩くことも減っているでしょう。

しかし、持ち歩かなくてもメリットはあります。

ノートパソコンであれば、自宅の中でも場所を変えることができるからです。

デスクトップパソコンでは、場所を変えるのは難しいでしょう。

私はリビングのクッション、アームチェア、テーブル、自分の部屋、スタンディングデスク（立って仕事をする）、ときにはベランダなど複数の場所で仕事ができています。

デスクトップパソコンは、ノートパソコンより一般的に性能が優れていますが、その性能が必要かどうかよく考えてみましょう。

私は、ノートパソコンで困ることはほとんどありません。

パソコンの性能がどこまで必要かを考えるときに、「動画編集をすることがなければ」と、よく言われますが、そのとおりです。

動画編集や大量の写真を表示する以外は、ノートパソコンでも困りません。

動画編集をするならデスクトップを選ぶとよいでしょう。

私は早朝から午前中はノートパソコンの MacBook Air を使ってほとんどの仕事をし、税理士業で税務ソフトや弥生会計を使うときは、Windows の VAIO SX14、動画収録・編集、オンライン打ち合わせや気分を変えるときは Windows のデスクトップ（自作）を使っています。

29 家賃が浮くからこそパソコンに投資

パソコンという大事な道具で、
・ソフトの起動が遅い
・パソコンがときどき固まる
・複数のソフトを開いていると処理が重くなる
などといったことがあっては、集中できませんし、仕事は進みません。

仕事の道具を大事にするという意味で、**パソコンを毎年買い替えてもよい**くらいです。
私は、パソコンを毎年買い替え、２０１９年も、２０２０年もパソコンを買っています。
執筆時点で使っているのは、Windows の VAIO SX14（２０２０年モデル）、自作のデスクトップパソコン、MacBook Air（２０２０年秋モデル）です。

買い替えることによって、**パソコンに強くなるトレーニング**もできます。
・自分のパソコンにどんなソフトが入っているか
・どんなサービスを使っているか

・データやソフトを移行するには、データやID、パスワードをどう管理すればよいかを考えざるをえないからです。

1年に1度、パソコンの中身を見直すことは、効率化にもつながります。

また、気分一新、新しいパソコンで仕事をすることの効果も大きいものです。

30万円のパソコンを1年使ったとして、1日あたり1時間あたりで考えれば高くはありません。

失う時間のほうがもったいないでしょう。

自宅仕事の効率を上げることを考えれば安いものです。

30

自宅仕事を快適にするのは、座る場所

座り仕事が多い税理士業。

移動が少なくなった今、そして今後は、**同じ場所に座り続けることを避けましょう。**

体への負担がかかるからです。

また、**場所を変えることで集中して仕事に取り組める**ようになります。

自宅の中でも場所を変えて仕事をすることはできるものです。

今はリビングのクッション（ヨギボー）、自分の部屋、などと場所を変えています。

リビングのクッションに座り、膝の上にパソコンを置いて仕事をするのがほとんどです。

自分の部屋には、デスクトップパソコン、ディスプレイ、カメラの三脚、マイク、スピーカー、グリーンスクリーンなどを設置し、Zoomやオンラインセミナー、動画編集、デュアルディスプレイが必要な仕事に使っています。

気分を変えたい時にも使う場所です。

机はＩＫＥＡのもので１５０㎝幅のサイズ、椅子はハーマンミラーのコズムチェアを使っています。

椅子には投資してみましょう。

座り心地が違います。

姿勢が違えば気分も変わりますので、午前中は椅子に座り、午後は座らない、その逆もありでしょう。

１時間ごとに変えてもよいわけです。

スタンディングデスクというものを持っていますので、立ったまま仕事をするということもできます。
ベランダにもテーブルとチェアを置いており、ベランダも仕事場所の1つです。（寒い日や夏はできませんが）

自宅の中で場所や姿勢を自由に変えるには、
・ノートパソコンを使う
・紙の資料を使わない
といったことが大前提となります。

自宅の中で場所を変えられれば、外でも仕事ができるということになるので、応用が利くものです。
・外で仕事ができるようにする　↓　自宅でも場所を変えて仕事ができる
・自宅で場所を変えて仕事ができる　↓　外で仕事ができるようになる
どちらのアプローチでもよいので練習していきましょう。

31 自宅のネット環境を見直そう

自宅で仕事をするなら、高品質のネット環境が欠かせません。

メールをするくらいであれば、それほど問題ありませんが、動画を見る、オンラインでビデオを使って打ち合わせをする場合には、それなりの品質のネット環境が必要となります。また、ブラウザで検索する場合も、ネットのスピードがあったほうが効率的です。

・ファイルのダウンロードに時間がかかりすぎる
・動画を見るとカクカクしてしまう、画像が粗くなってしまう
・オンラインでの打ち合わせのときに、相手または自分の画像がとまってしまう

などということがあってはいけません。


まず、ご自宅に、どんな回線をひくことができるかを確認し、光回線を導入しましょう。

スマホのテザリング（スマホを介してネットにつなぐ方法）やモバイルルーター（持ち運べてネットにつなげることができる機器）では不安定です。

私は、フレッツ光を入れています。

さらには、**ルーターを見直してみましょう。**

ルーターとは、パソコンやスマホをネットにつなぐ機器です。

回線が同じでもルーターを変えれば、ネット環境は変わります。

私が使っているのは、TP-LINK の AX11000 というものです。かなり大きく、高い（私が買った当時で3万円）ものですが、性能は申し分ありません。

これ以外に、今の自宅で、Apple や NEC、バッファローといったメーカーの最も性能が高い製品を使ったことありますが、最も安定しているのが TP-LINK の AX11000 でした。メール、動画、オンライン打ち合わせはもちろん、大容量の動画ファイルを保存したりアップしたりする場合にも、ストレスはありません。

他のルーターでは、離れた部屋のネット環境はそれほどよくなく、途切れていましたが、このルーターでは安定するようになりました。

ルーターから遠い場所では、ネット環境が悪くなることがありますので、ルーターと利用場所の階が変わる場合は特に注意が必要です。

ルーターから離れた部屋で、中継機を使ったことがありますが、「離れた部屋でもネットが使えるようになる」程度であり、ネット環境はそれほどよくなりませんでした。理論的には、中継機を使うと、ネットのスピードは落ちます。

最近、無線LANにWi-Fi 6（IEEE802.11ax）という無線LANの通信規格が登場しました。これまでは、11a、11b、11g、11n、11acという規格があり、11axは6番目の通信規格という意味です。

ルーターやパソコンも、少なくともacには対応しているものを選びましょう。Wi-Fi 6に対応している機器はまだ少ないので、acでも十分です。

また、Wi-Fiには、2・4GHzと5GHzという周波数帯があるので、仕事で使う際は、パソコンやスマホで、5GHzにつなぎましょう。

2・4GHzは家電で使われているもので、干渉しあい、ネットが遅くなる可能性があるからです。

反面、2・4GHzだと電波が遠くまで届きやすいので、ルーターから遠い部屋で電波が弱い場合は、2・4GHzにすると改善する場合もあります。

私はパソコンやスマホ、タブレットなどをすべて5GHzで使っています。

ネット環境は、自宅仕事ではもっとも投資すべき部分です。

ぜひ見直してみましょう。

32

ネットがつながらなくなった場合の対処

自宅仕事の要であるネット環境も、トラブルでつながらなくなる可能性があります。**ネットワークトラブルへの対応は時間がかかる**ため、ネットがつながらない場合に備えてリスクヘッジしておきたいものです。

私は次のようなことをしています。

✣ テザリングに慣れておく

スマホにはテザリングという機能があります。

テザリングとは、スマホを介してパソコンやタブレットなどをネットにつなぐことができる機能です。

自宅のネット回線にトラブルがあったときにも役立ちます。

自分のスマホの契約状況（キャリア、格安ＳＩＭ）を確認し、テザリングを使えるようにしておきましょう。

契約状況によって、どのくらいの容量（通信量）まで使えるかが変わってきます。

また、何をすると容量を大きく使うのかを把握しておきましょう。

・動画、ゲーム、写真のダウンロード、アップロード
・音楽のストリーミング再生（ネット経由での再生）
・Dropbox の同期

などは通信量が大きくなりますので、テザリング時には注意しなければいけません。

✣ 有線LANを使えるようにしておく

トラブルの原因を探るには、ルーターとパソコンを直接つなぐ必要があります。

いまどき有線で……と思いましたが使っているVAIO SX14にはLANケーブルをつなぐ端子があり、意外なところで役に立ったことがありました。

リスクヘッジを考えると、有線でつなげるようにしておいたほうがよいでしょう。

LAN端子がないパソコンの場合、別途アダプターが必要です。

✣ 外でWi-Fiにつなげられるようにしておく

カフェや会議室など、外でWi-Fiにつなげられるようにしておくと、いざというときに役に立ちます。

セキュリティ上、つなぐときにパスワード不要なところは避け、使うとしてもそのときにすることも限定すべきです。

その場で契約し、1日限りで使えるWi-Fiもあります。


オンラインで個別コンサルティングを行う当日にネットがつながらなくなったこともありました。

テザリングでできないことはありませんでしたが個別コンサルティングは90分ですので容量はそれなりに使います。

緊急時ならやむをえませんが、当日早朝に気付いたので、いつも使っているWi-Fiが使える会議室を予約して対応しました。

常々会議室を借りていたことが、リスクヘッジとなったのです。

✣ Wi-Fiルーターを借りる

Wi-Fiルーターを短期間借りることもできます。

むしろ1か月借りたほうが割安の場合もあり、1か月5000円ほどです。

価格ドットコムで探してみましょう。申し込んだ翌日か翌々日には宅配便で届けてくれます。入院していたときも重宝しました。

✣ ルーターを複数持っておく

私は以前使っていたルーターを残しておき、リスクに備えています。
ルーターが故障した場合も、それを使うことができるわけです。

ネット回線が、いざトラブルになったときには、次のようなことをしてみましょう。

・ネットで検索して対策を探す
・ほかの機器でもつないでみる
・ルーターを再起動する
・ケーブルをつなぎなおしてみる
・ネット回線提供会社、プロバイダーのトラブルがないか調べる
・機器を再起動してみる

ネットワークトラブルに対しては、日頃からリスクヘッジを考えておくべきです。

33 オンライン打ち合わせツールを使いこなそう

自宅仕事で欠かせないのは、オンライン打ち合わせ（ビデオ会議）ツール。
税理士業は、打ち合わせが欠かせません。

打ち合わせで、事務所に来ていただくという形もありますが、自宅の場合は、来ていただくというのはなかなか難しいでしょう。

また、新型コロナ以後は、対面での打ち合わせ自体が難しい場合もあります。

最近では、自宅にいながらオンラインで打ち合わせることが増えました。

使いやすいのはZoom（ズーム）というサービスで、通信も安定しており、操作もしやすいです。（1対1なら無料）

こちらがZoomに登録、インストールしていれば、**お客様が登録をしなくても、すぐに使い始めることができます。**

打ち合わせごとにリンクをつくり、それをメールで送り、そのリンクをお客様はクリックするだけでよいのです。

オンライン打ち合わせに必要なものは、カメラ、マイク、スピーカー（イヤホン）であり、パソコンでもスマホでもタブレットでも利用できます。

Excelの資料やPDFを見せることも簡単にでき、あたかも対面で打ち合わせしているかのようなこともできるのです。

お客様側の画面を見せていただくこともできますし、お客様のパソコンを操作することもできます。

Zoom のほかに、Skype、Google の meet、Microsoft の Teams などがあります。ビデオ通話だけなら、LINE や Facebook でもよいでしょう。お客様に合わせて導入したいものです。

34 オンライン打ち合わせで必要なカメラ・マイク・スピーカー

オンライン打ち合わせには次のようなものが必要です。

✣ カメラ

こちらを映し出すカメラが必要です。

ノートパソコンにはカメラが付いています。

ただ、ノートパソコンに付属するカメラは性能がそれほどよくないことが多いため、はっきり見せる必要があるならウェブカメラといわれる外付けのカメラやデジカメ、スマホを使う方法も試してみましょう。

ライトを併用すれば、写りをよくすることもできます。

ＬＥＤライトで間接的に照らしましょう。

✣ **マイク**

こちらの声を伝えるマイクが必要です。

これもノートパソコンに付属していますが、性能はまちまちですので、安定した音声を伝えたければ、外付けのマイクを使いましょう。

私が使っているのは、Blue の Yeti（イエティ）X です。

単一指向性という設定にすれば、ひとつの方向からの音しか拾いませんので、雑音が入りにくいという特徴があります。

キーボードのタイピング音やマウスのクリック音なども入りにくいです。

✣ **スピーカー**

ノートパソコンによっては音量が小さいものもありますので、外付けスピーカーを買っておいたほうが安心です。

先方のマイクの状況によっては聞こえにくい場合があるからです。

35 コード・ケーブルはチューブでの整理

自宅でＩＴ機器を使うと気になるのがコード・ケーブル。

仕事のデスク周りのコード・ケーブルは、すっきりさせたいものです。

パソコンその他ＩＴ機器は、コード・ケーブルがないほうがすっきりし、配置の自由度も高くなります。

こういった**コード・ケーブルが視界に入ると、ストレス**でしょう。

私も以前はそうでしたがエレコムの「ゴチャゴチャなケーブルを整理するチューブ」を使うことで解決しました。

長いチューブを、適度な長さに切って使っています。

コード・ケーブルをある程度一緒にして、くるくると巻いていくと、きれいにまとまるのです。

コード・ケーブルを追加したいとき・外したいときは、取り外して再度つけることができます。

長さが足りないときは、足すことも可能です。

さらに、サンワサプライの「ケーブル配線トレー」というものを使い、床にコード・ケーブルを設置せず、机の後ろに配置し、みえないように工夫しています。

ケーブル配線トレーには、ごちゃっとケーブルを入れられるのも好みです。

大きなタップを置いて、壁のコンセントにつなげるのは1つだけにしています。ケーブル配線トレーはACアダプターも置けるような大きなものがおすすめで、私が使っているのは88㎝の長さ、16㎝の幅です。

デスク周りのコード・ケーブルが気になっている方は、ぜひ試してみていただければと思います。

自宅仕事の環境が劇的に改善されるはずです。

36

AIスピーカーの使いみち

自宅仕事もAIで効率化できることは効率化していきましょう。

AIを活用する方法の1つは、AIスピーカー（スマートスピーカー）を利用することです。AIの得意分野である音声認識を使い、声でさまざまな操作や処理ができます。

私がAIスピーカーを活用しているのは、次のようなことです。

✣ カレンダーに予定を登録

AIスピーカーに、「OK Google、カレンダーに追加して、明日13時　山田様　打ち合わせ」といえば、Googleカレンダーに予定を登録することができます。「カレンダーに追加して」→「タイトルは何にしますか」と1つずつ追加することも可能です。AIスピーカーで特別な設定は必要ありません。

✣ 照明のオン・オフ

AIスピーカーに対応している照明、または、AIスピーカーと従来の家電を連携できる機器（例 Nature Remo）があれば、「OK Google、照明をつけて」「OK Google、照明を消して」と、仕事部屋の照明のオン・オフができます。仕事はじめや終わりに使えば、楽です。リモコン操作ができるタイプの照明であれば、連携できる可能性があります。

✣ 音楽を聴く

もちろんAIスピーカーで音楽を聴くこともできますし、契約している音楽サービスから音楽をかけることができます。好きな音楽をかけることができるのは、自宅ならではのメリットでしょう。

✣ その他

天気を調べることも、ニュースを流すこともでき、声で計算を指示することもできます。

ちょっとした計算なら、声でしてみてもよいでしょう。

また、IFTTT（イフト）というサービスを使って、EvernoteとAIスピーカーを連携し、メモをとること、Googleスプレッドシート（GoogleのExcel）に、声で経理（日付、科目、摘要、金額等）をすることができます。

AIスピーカーの種類は、主に3つあり、Google、Amazon、LINEが出しています。すべてを買って試してみましたが、このうち、おすすめはGoogleです。

GoogleのAIスピーカーは音声認識技術が優れていることもありますが、連携できるサービスが多いこともその理由です。

GoogleのAIスピーカーには小型のNest Miniやディスプレイのついた Nest Hub（7インチ）、Nest Hub Max（10インチ）などがあります。

ディスプレイがあると、音声の認識具合をテキストで確認できますし、操作結果をディスプレイで確認することもできるので便利です。天気や計算結果も表示されます。

写真（Googleの写真サービスのGoogleフォト）と連携し、写真をスライドショーで表示することもできるので、仕事のアクセントとして使ってみてはいかがでしょうか。

動画を再生することもできるので、仕事のBGMがわりにYouTubeをつけることもできます。

声で操作することは、手を使う機会、負担を減らすことにもなるものです。

自宅仕事では、気分転換にもなります。

また、新しいものを試してみることは仕事効率化の上で欠かせません。

37 暑さ、寒さへの対処方法

自分にとって快適な室温に調整できるのも、自宅仕事のよいところです。

暑さ、寒さに対応する工夫も必要です。

暑さに対しては、エアコンが欠かせません。

私は2020年4月、自分の部屋にとりつけました。

もし部屋についていなかったら、つけておくべきでしょう。

工事なしのウィンドファンもありますが、中途半端です。

寒さに対しては、エアコンのほか、毛布、電気毛布、ゆたんぽなどを利用しています。

気を付けたいのは湿度。

通常、「湿度」といわれているものは「相対湿度」であり、同じ湿度50％でも温度が違うとそこに含まれる水蒸気の量が違うのです。

その水蒸気気体の量を示すのが絶対湿度で、g／㎥で表示されます。

この絶対湿度によって、熱中症やインフルエンザをはじめとする感染症の発生確率が変わるとのことです。

11g／㎥ぐらいが感染症の発生確率が低く、7g／㎥に以下になると感染症の発生確率が高くなります。

絶対湿度が高すぎると結露やカビの原因にもなるのでコントロールしていきたいものです。

この絶対湿度は通常計ることができず、絶対湿度計というものが必要で、私は環境温湿度計AD-5686を使っています。

乾燥しているなと思って絶対湿度計を見ると、絶対湿度が下がっている、なんとなく絶対湿度計をみると意外と下がっているのです。

加湿器も大事で、部屋の大きさにあったものを使いましょう。

私の自宅リビングは7畳ほどで、強力な空気清浄機兼加湿器（～23畳）を置き、絶対湿度計を使いながら、温度を上げるようにしています。

絶対湿度を知ってから温度を上げるようにしました。**温度を上げないと絶対湿度が上がらない**からです。

同じくらいの相対湿度50％でもたとえば、温度が19・３℃、絶対湿度８・５g／㎥の場合、温度が23・３℃、絶対湿度10・４g／㎥といった場合もあります。

温度18・４℃、絶対湿度７・６g／㎥の状態で、エアコンを付けて温度を上げると（空気清浄機兼加湿器は24時間稼働）、絶対湿度が上がりました。

適正といわれる11g／㎥までには、正直なかなかいかないのですが、最低ラインの７g／㎥はクリアしたいところです。

早朝は温度が下がっていることから絶対湿度が下がっていることもあるので、やはりエアコンでコントロールしています。

朝は加湿器の水がなくなっていることもあるので、絶対湿度がガクンと下がることもあり、夜のうちに水を補給する習慣もできました。

この絶対湿度と温度の関係を考えたときに、厚着をしすぎていると温度の感覚がわからず、温度を上げることをせず、絶対湿度が上げられていないということになってしまいます。

厚着しすぎないようにして温度を感じるようにし、温度を上げて絶対湿度を上げるようにしているところです。

エアコン代はかかりますが、しかたありません。

この絶対湿度を意識してから、時々感じる喉のイガイガや乾燥しているなという感覚が、かなり減りました。

絶対湿度計を導入する前、ちょっと喉がイガイガして、「咳が出るかな、まずいな」という時期があったのです。

新型コロナ対策で外出の機会も減らし、これだけ手洗いうがいをしているのに喉を痛めるなんて……と思いましたが、ひょっとすると部屋の中の絶対湿度が低かったからかもしれません。

絶対湿度計、試してみていただければと思います。

38
最低限欠かせないセキュリティ

自宅仕事で環境を整えるうえで欠かせないのは、セキュリティという視点です。自宅ならではの視点から、パソコンやネットを使う上で気を付けなければいけないことがあります。

自宅仕事で最低限備えるべきセキュリティ対策についてまとめてみました。

・パソコンやソフトを最新にしておく
アップデートがあったら必ず更新しておきましょう。

・パスワードを使いまわさない、複雑なものにしておく
固有名詞、誕生日、電話番号などはさけましょう。

・パソコンはパスワードでロックする
自宅でも油断できません。

・データはメールで送るより共有する
メールより共有のほうが安心です。

・Zoomでは待機室を有効にして、確認してから参加していただくようにする
万が一、第三者が入ってこないようにするためです。

・もし紙を使うなら、家族の目に触れる所に置かない
プリントアウトした紙も同様です。

・家族にパソコンの画面が見られない位置で仕事をする
機密情報を守りましょう。

・ルーターのパスワードは標準設定ではなく独自のものに変えておく
ルーターのセキュリティはWEP形式を使わず、ルーターのファームウェアを更新するようにしましょう。

・二段階認証が使えるものは必ず使う

スマホのショートメールや通話で認証してログインできるようにしておきましょう。
・不用意にメール内のリンクをクリックしない
誰から送られてきたメールかをしっかり確認してからクリックしましょう。

39 話すことによる情報漏洩をなくす

同居の家族がいるなら、自宅仕事で電話はなくしましょう。

他の家族の邪魔になる、静かにしてもらわなければいけないという理由もありますが、電話が情報漏洩につながるからです。

完全に隔離された部屋ならともかく、電話で話している間、こちらが話すことはどうしても周りに聞こえてしまいます。

セキュリティというとパソコンやＩＴのことばかりいわれますが、**通話中のセキュリティはおろそかにされがち**です。

自宅ばかりでなく、カフェで仕事しながらの電話や歩きながらの電話は情報漏洩といえないでしょうか。

パソコンやスマホでメールをすれば情報漏洩せず、電話することによって情報漏洩することもあるのです。

また同様に、声を出すものにも気を付けましょう。

オンライン打ち合わせをするZoomや、音声のSNSであるClubhouseも情報漏洩には気を付けなければいけません。

・自宅で声がもれない環境を整える
・声を出すときは場所を変える（自宅内で変える・会議室を借りるなど）
・家族がいない時間帯に声を出す仕事をする
・家族に外出してもらう

などといった工夫をしていきましょう。

場合によっては次項で取り上げる引っ越しも考えたいものです。

40 自宅仕事に適した物件に引っ越しする

自宅仕事に適した物件に引っ越すのも1つの方法です。

私は当初から自宅仕事に適した物件を探していました。

自宅で仕事をするなら、ここは重視したほうがよいのではないかというポイントを挙げてみます。（東京都内または近辺でマンションを借りるということを想定して考えてみます）

✣ 間取り

なんといっても間取りが大事です。

可能であれば自分の部屋を持てるようにしましょう。

間取りを重視して部屋数が増えると家賃が高くなるので、1平米あたりの家賃が安いところを探しました。

今住んでいるところは前に住んでいたところより20平米広くなり、家賃は同じです。

他に事務所を借りずに自宅で仕事をするなら、**事務所分の予算を自宅に割くことができます。**

自宅に10万円、事務所に10万円かかっていたなら、自宅兼オフィスに20万かけられると考えることもできるでしょう。

✣ ゴミ捨て

マンションで**ゴミをいつでも捨てられるというのは結構便利**です。

曜日を気にせずに捨てることができるので、家の中にゴミやダンボールを置いておかずにすみ、**スペースを確保する上でも大きなメリット**です。

いつでも捨てにいけるなら、掃除の意欲もわき、仕事にもよい影響をもたらします。

✣ 宅配ボックス

今やネットでいろいろと注文することが増えていますので、宅配ボックスもうまく利用したいものです。

✣ 静かさ

イヤホンでカバーできるとはいえ周りの環境が静かなところを選びたいものです。

住んでいる人が少ない、地上に近くない、車通りが少ない、線路から遠いというところが理想です。

また、壁が厚いのが理想ですが、鉄筋コンクリートだから音が響かないというわけではありませんので、これは住んでみないとなかなかわかりません。

幸い、今の家は隣や上下の物音が聞こえたことはありません。

✣ 駅の位置

駅から自宅が近いかどうかはそんなに気にしませんが、近いに越したことはないでしょう。家賃との兼ね合いです。

私は電車が混むようなところには住まず、比較的空いている路線に住むようにしています。

新型コロナ以後、オンライン中心になっているなら駅から近いかどうかということは、優先度は下がるかもしれません。

✣ 近くにカフェが複数ある

近くにお気に入りのカフェが複数あると便利です。

ひとりで自宅で仕事をしていると、どうしても集中力が途切れたり、眠くなったりします。

そんなときには、場所を変えるのが1つの解決策です。

✣ 日当たり、景色

日当たり、景色はよいに越したことはありませんが、家賃との兼ね合いです。

✣ **生活環境**

仕事だけではなく、生活に適した環境であることも大事です。

買い物は便利か、病院はあるか、緑はあるか、静かか、刺激があるかといったことも考えましょう。

今の自宅は、緑があり、静かな環境で、子育てにも適しています。

41 いざというときは会議室を借りる

自宅仕事で困るのは、打ち合わせを行う場所です。

基本的にオンラインで対応しつつ、**いざというときは会議室を借りてもよい**でしょう。

新型コロナ以後の今は、広めで換気がよいという条件を満たすところを借りたいものです。

セミナーで使う会議室を探すときに使うスペイシーやインスタベース、スペースマーケットなどのポータルサイトではネットで探すことができ、予約も、決済もできます。

写真で見るときれいなところも多いのですが、そうとも限りません。

できれば、一度下見をしておいたほうがよいでしょう。

会議室といっても、オフィスタイプのものばかりではなく、マンションの1室を貸し出すというものもあります。

暖房、冷房がきかないところもあるので注意しましょう。

1対1の打ち合わせなら、余裕を持って6人以上の定員のところにしておけば、十分です。定員4人の部屋だと、斜向いに座るとしても、狭い場合もあります。

会議室を借りないなら、**広めのカフェやホテルのラウンジがおすすめ**です。

席の距離が離れているところ、予約できるところがベターですが、予約はなかなか難しいので、早めに行って席を確保し、そのまま仕事をしながら待つのが現実的でしょう。

ホテルのラウンジは、平日午後だとアフタヌーンティーの予約しか受けないところが多いです。

ホテルのラウンジは2人で2000円～3000円ほどしますが、ホットコーヒーならおかわり自由なところがほとんどで、広くて雰囲気もよいところが多いので、トータルで考えれば割り安といえます。

会話が聞かれないよう隣席と距離をとる、パソコンの画面を他の人に覗かれないようにすることは気をつけましょう。

第4章

自宅仕事で紙を使わない工夫

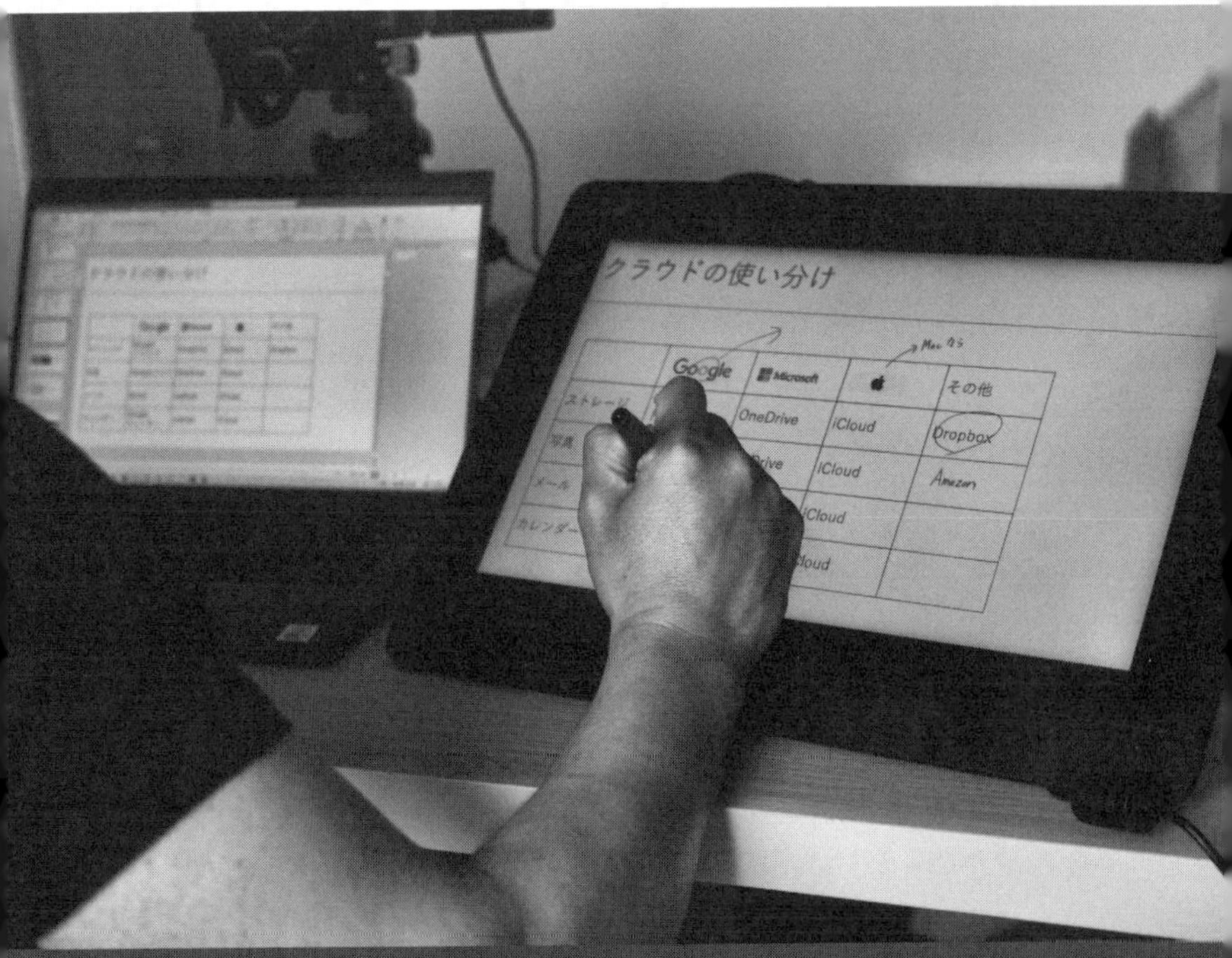

42

自宅だからこそ紙をなくさなければいけない

自宅で仕事するなら、紙はなくしたいもの。

プライベートと切り分けができる事務所と違って、自宅では仕事とプライベートを融合せざるをえない面があるからです。

仕事とプライベートが融合するメリットも、もちろんありますが、セキュリティ面においては、仕事とプライベートの融合は好ましいものではありません。

紙には、

・捨ててしまう、見失ってしまう
・汚してしまう、やぶってしまう
・家族に見られてしまう

といったリスクがあります。

セキュリティリスクというと、パソコンやITにばかり目がいきますが、**紙であることのリスクもある**のです。

仕事をする部屋をプライベートと完全に切り分けることができればよいのですが、簡単ではないでしょう。

仮に切り分けることができたとしても、そこに家族が入る可能性もあります。

紙を保管するキャビネットを置く方法もありますが、これもスペースの問題から難しいことです。

紙のセキュリティ上のリスク、置く場所がないという問題の解決策には、「紙をなくす」という方法があります。

紙をなくす方法は、2種類あり、1つは紙を出すこと（プリントアウト）をなくすこと、もう1つは紙で受け取ることをなくすことです。

43 紙を出すことをなくすペーパーレス

紙を出すことをなくすには、資料を紙で納品するということをなくしつつ、紙で確認するということもなくす必要があります。

今や税理士の仕事はパソコンを使うことが多く、必ずしもプリントアウトしなければいけないわけではありません。

紙で見ないと確認できない、紙で見ないとミスをするというのも根拠のない話です。

紙でチェックしてもミスをすることはありますし、紙でチェックしないからミスをするというわけではありません。

これまで慣れている方法が紙でのチェックであるならば、**「紙でチェックしない＝画面でチェックする」ということにも慣れていくことができる**はずです。

私も以前は申告書のチェックを紙でやらなければいけないと思い込んでいましたが、徐々に慣れ、今は一切紙でやりません。（そのかわり、チェックリストでのチェック、一晩空けてのチェックという工夫はしています）

プリントアウトした場合には、そのプリントアウトした紙の処分にも困るものです。

他のゴミと一緒に捨てるわけにもいかず、シュレッダーを使うのも手間がかかります。

（紙を処分するなら機密文章回収サービスを使いましょう）

紙を極力プリントアウトしないことも練習していきましょう。

プリンターを思い切ってなくしてみるのもいかがでしょうか。

プリントアウトするときは、コンビニやキンコーズを使うと便利です。

ＵＳＢメモリでデータを持参し、直接プリントアウトすればリスクもありません。

プリンターを持っていない税理士なんて一般的にはかっこわるいかもしれませんが、一般的なかっこよさなど必要ないものです。

自分が必要とするかっこよさを追求しましょう。

そうでなければ自宅で仕事などできません。


プリンターを捨てるのに躊躇してしまう方は、プリンターの電源を切る、コンセントを抜くということからしてみましょう。

常につながっているから、プリントアウトしてしまうのです。

ペーパーレスを本気でしたいなら、紙を出すことを徹底してなくしましょう。

44 紙で受け取ることをなくすペーパーレス

自らが紙を出すことをなくしたとしても、紙で受け取ることをなくさなければ、紙はなくなりません。

お客様から紙で資料を受け取るケースがあれば、紙ではなくデータで受け取る、共有するということをしていくと、紙を減らすことができます。

お客様にデータをプリントアウトして紙を郵送していただいたり、FAXしていただいたりしているのであれば、その元データをやりとりしたほうがお互い効率的です。
しかし、受け取ったデータをプリントアウトしていたのでは意味がありません。
データを加工して取り込めないか、データを連動できないかを考えましょう。

通帳やそのコピーを送ってもらうのではなく、ネットバンクデータを連動したり、受け取ったりすることができる時代です。

もちろん、お客様の意向を考慮しますので、紙で受け取ることをなくすのは簡単ではありません。

税理士としては、お客様側で会計ソフトにデータを入力していただき、それが妥当であることが理想的です。（自計化という言葉はあまり好きではなく、使わないようにしています）
ただ、会計ソフト（給与ソフトも）をすべてのお客様に入れていただくわけにはいかない場合もあります。

かといって、レシート、手書きの出納帳、通帳そのものを受け取るのは、避けたいものです。

これらレシート等と、会計ソフトの間に位置するのがExcelで、私が独立以降、入力をせずにいられたのもExcelのおかげでした。

会計ソフトが嫌われる理由の1つは、「慣れていない」ということでしょう。慣れているレシート、手書きのほうがよいわけですがExcelも比較的、お客様は慣れていると思います。

「Excelに入れていただければ大丈夫です」という位置づけができるのです。

もちろん、Excelを会計ソフトに入れるには、それなりの練習が必要となりますが、人手は必要なく、自動化の余地があります。

だからこそ、**少なくともExcel、最低でもExcelというライン**を守ってきました。

会計ソフトの導入よりもすんなりいきます。

効率化には、Excelに限らず、データで受け取ることが大事です。

データであれば加工できますし、「Excelでよいので」「データでいただければ大丈夫です」というスタンスで臨みましょう。

45 ディスプレイを使えばペーパーレスが進む

プリントアウトしないなら、パソコンの画面上で確認する必要があります。

ノートパソコンだと、その画面が小さいため、別途ディスプレイを準備しましょう。

大きいディスプレイなら、画面で確認しやすくなり、プリントアウトする必要がなくなります。

ディスプレイを置く場所がなければ、紙を減らしましょう。

紙を減らしてからディスプレイを買おうとすると、いつまでたっても買えませんので、まずは買ってしまうのがおすすめです。

最近はノートパソコンのディスプレイの解像度も上がり、なおかつパソコン上で確認するということに慣れてきましたので、常にディスプレイを使っているわけではありません。

慣れるまでは、ディスプレイがあったほうが、紙をなくすことに間違いなく近づきます。

ディスプレイは使っておきましょう。

PDFならAcrobat Readerで開き、サムネイル＝ページの一覧を表示しながらデータを見ると便利です。全体像を確認できます。

ページをスクロールボタンで移動するのも便利ですが、方向キーの下方向入力で、ページごとに切り替わるようにしておくのもおすすめです。

メニューの［表示］から設定してみましょう。

パソコンではPDFだけでなく、Excel、Word、ブラウザなどあらゆるものを表示できるので、プリントアウトが必要なくなります。

46 タブレットでペーパーレスが進む

AppleのiPadやAndroidタブレットで10インチ以上のモノを使うと（8インチだと小さいです）、データを紙のように確認することができます。

タブレットがペンに対応していれば、書き込むこともできるのが便利なところです。（ペン対応のパソコンでも書き込めますが、やはり平面で書けるタブレットのほうがおすすめです）

iPadでは、「Notability」というアプリを使っています。

iPadで、紙のようにデータ＝PDFを扱うためには、

・サムネイル＝ページの一覧が表示される
・PDFのページめくりをしながらペンを使える（編集モードにしないと使えないアプリは結構多いです）
・スクロールではなく1ページごとに切り替えることができる

といったことが求められ、これらの要件を満たすのがNotabilityです。

パソコンでDropboxにPDFを入れてから、iPadでDropboxアプリを開き、［エクスポート］をタップし、Notabilityで開くようにすれば、iPadでPDFを扱えるようになります。

Notabilityで注釈を入れたものをパソコンに戻したいときは、iPadのDropboxに戻して保存しましょう。

ディスプレイにはデータ（ファイル）をマウスでディスプレイ側へ動かすだけでよいという手軽さがあり、タブレットには紙のように手元で扱えるというメリットがあり、一長一短です。

ディスプレイは1万円程度、タブレットはiPadなら最も安いもので4万円ということを考えると、どちらか1つ選ぶならディスプレイを選ぶことになるでしょう。

ただし、紙のようにデータを扱いたいなら、12万円ほどしますが、最も大きな画面の12・9インチのiPad Proがおすすめです。（ペーパーレスをすすめるために、ディスプレイ、タブレット両方あったほうが好ましいのはいうまでもありません）

プリンター代やインク代を減らせる、機密を守れる（パソコンもiPadもデータ管理は気をつけなければいけませんが）、そしてペーパーレスがすすむと考えれば、投資しておいても損はありません。

47 ペーパーレスでもスキャナーはいらない

もしデータではなく、紙を受け取った場合には、その紙をスキャンしてデータ化しましょう。

スキャンについては注意点があります。

✣ スキャナーはいらない

スキャンするとしてもスキャナーを使う必要はありません。

スキャナーは、たくさんの紙をスキャンできますが、なんでもスキャンしていては効率化にならないからです。

スキャンしても見ないなら、そもそもスキャンする必要すらありません。

雑誌や会報、資料など、**「スキャンすべき資料か」をまず考えましょう。**

読んだら捨てる、または、読んで必要な部分だけメモして捨てることができるものもあります。

お客様からレシートを預かってスキャンするのであれば、スキャナーは必要かもしれませんが、それを税理士がすべきかを考えたいものです。

そしてその大量の紙が一時的にでも、自宅にあるということが問題ではないでしょうか。紙のやり取りにも事故が起きる可能性はあるので、極力なくしたいものです。

スキャナーの代わりに使うのは、スマホ。

スマホのアプリで十分スキャンできます。

ある程度は複数枚でも問題ありません。

私が使っているのは、Evernoteアプリ（Android）です。iPhoneでも使えます。（iPhoneだとFastEver3もおすすめです）

これらのアプリでスキャンすると、データを保存、整理できるEvernoteに連動するのも楽です。

✣ すぐ処理しない

郵送で送られてきた紙は、すぐに処理しないようにしましょう。

そのつど処理するのは効率的ではありません。

私の場合、**朝の掃除の時間にまとめて処理**しており、最低限必要なものはスキャンし、あとは捨てています。

✣ 紙をやめてもらう

お客様にも紙を送るのをやめてもらいましょう。

データで間に合うものは、紙の必要はありません。

どうしても紙で、というのであればしかたありませんが、紙でなくてもよいことを意思表示すべきです。

48 ペーパーレスの第一歩は、申告書控

紙をなくす、ペーパーレス。

その第一歩は、税理士が持つ申告書控でしょう。

税理士事務所が申告書控を念の為に持っておくという考えもあるでしょうが、ご存じのとおり、e-Taxを使っていれば、正式な申告書控はPDF化できます。（メッセージボックスのメール詳細＋申告書等）

申告書控を紙で持たず、データで持ち、確認することから始めましょう。

PDFにした場合、「紙のほうがみやすい」というケースもあるでしょうが、これは練

習が必要です。

私は、年度、お客様ごとに1つのファイルにしています。

その他お客様関連の資料はスキャンして、紙は捨てるか、返却するようにしてすすめていきましょう。

これから独立する方は、最初からペーパーレスで考えることができます。

私もそうでした。

49 今日からペーパーレスにする

ペーパーレス。

いろいろと考えるべきことはありますが、「今日からペーパーレス」と決めて、してみるのがよいのではないでしょうか。

今ある紙をすべてデータにしようとすると、ペーパーレスはなかなか進まないものです。
・今日から、プリントアウトしない → PDFにして、画面またはタブレットでみる
・今日、受け取った紙、使った紙は、スキャンして、その紙を捨てる（捨てられるものは）

↓　今日、去年の決算書を見るとしたら、それをスキャン、または、去年のデータから
PDFファイルをつくって、紙は捨てる
ということをしていけば、紙はなくなります。

こういったことの過程で、
・画面が小さいからみづらい　↓　大きいディスプレイを買う、タブレットを買う
・手書きしたい　↓　ペンとタブレットを買う
という設備投資をせざるをえなくなるでしょう。

ある程度のコストはかかりますが、ペーパーレスを実現し、効率化をなしとげるために
は欠かせない投資です。
今日からペーパーレスと決めて、**少しずつ進めていくとよい**でしょう。

50 データ整理がペーパーレスの鍵

整理が効率化につながることは、ご承知のとおりです。
・データがすぐに出てこない

・どこにあるかわからずに探す
・見当たらないからまたつくる

ということがあっては、ペーパーレスも効率化も進みません。

整理も仕事と考え、日々整理していきましょう。

その日に自分がつくったファイルやダウンロードしたファイルといったデータは、専用のフォルダに保存しています。未整理のデータを入れておく仮のフォルダです。

私は、Inbox（受信箱）という名前のフォルダを使っています（名前は任意のものでかまいません）。

このInboxフォルダを、翌朝必ず整理するのです。

必要でないものは削除し（ごみ箱へ）、必要なものは、名前を付けて保存します。

私のファイル名のルールは、お客様名＋年次＋年次といったシンプルなものです。

たとえば、株式会社タイムコンサルティングの2020年8月期の決算に関するExcelファイルなら、「0タイム202008決算資料」という名前にしています。

自社に関するもの（個人事業主、会社）は0、お客様関係は1をつけ、原稿なら「原稿」、セミナー資料なら「セミナー」をつけるというルールです。

作成日付や更新日付はファイル名に入れていません。

このExcelファイルに関連するすべてのものを入れ、ファイルを極力少なくしているのも整理の一環です。

また、申告書控のPDFファイルは、「0タイム202008申告書」とつけています。これら保管しておくデータを1つのフォルダに入れ、原則としてそれ以外にフォルダを使いません。

データは、検索（WindowsならWindowsキーを押し、MacならCommand＋スペースを押して検索キーワードを入力）して探します。

瞬時にファイルが出てくるようにファイル名を工夫する必要はありますが、だからこそ整理がはかどるのです。

データで整理ができ、すぐに取り出せるようにしておけば、ペーパーレスが進みます。

「紙のほうが早い」となると、紙のままで保管したり、データをプリントアウトして紙で保管したりすることになるのです。

ペーパーレスには、データ整理の習慣が欠かせません。

51 ペーパーレスでの申告書チェックのやり方と注意点

ペーパーレスで申告書をチェックする流れは次のとおりです。

✣ 準備

パソコン、iPad のパスワードロック（指紋、顔なども含む）、Dropbox の2段階認証を設定。

iPad は ApplePencil（第1世代でも可）が使えるものを用意。（いま出ているものならどれでも可）

ＰＤＦを結合するソフト、Windows で無料なら Cube ＰＤＦ Page、有料なら Adobe Acrobat、Mac ならプレビューを用意。（Automater で自動化可能）

チェックリストは Google Keep を用意。（iPhone（iOS）、Android、Windows、Mac で使える）

✣ チェックまでの手順

以下は、「弥生（freee、MF）」＋「ＪＤＬ」を使用する場合の例です。

[パソコン]
会計ソフトから決算書をＰＤＦ化、税務ソフトから申告書をＰＤＦ化（法人の場合、法人、消費、概況、内訳書、固定資産台帳等）、その後ＰＤＦを結合してDropboxへ格納。
（Macなら iCloud も可）

[iPad]
DropboxからＰＤＦを開き、Notabilityで開く。

[iPhone（スマホ）]
Google Keepを開き、チェックの準備。
チェックリストの編集はパソコンで行ったほうが楽です。
パソコンとスマホのデータは連動できます。

✣ チェック

iPhoneでチェックリストをチェックしつつ、iPadで申告書等ＰＤＦにチェック。
パソコンでも申告書等ＰＤＦを表示し、パソコンで内訳書、iPadで決算書を表示してチェックすると楽です。

修正はそのつど、パソコンの税務ソフトで行います。

✣ 普通の目でチェック

チェックリストでチェックした後、一晩以上置き、再度PDFをつくり（修正がないものはそのままで）、iPadまたはパソコンで、プロではなく普通の目で、数字以外のチェックをします。

なんとなくめくっていると、意外な間違いがみつかるものです。

✣ 最終的な控

JDLの場合、電子申告後のPDFを一括してつくることができるので（メール詳細と申告書は別ファイル。固定資産台帳は別途）、それらのPDFを決算書PDFと結合して控にします。（私はこのあと、決算書PDFをWebゆうびんで郵送しています）

JDLは電子申告前に、申告書等を一括してPDFにできないのが残念です。

52 Google Keepでチェックリスト

チェックを効率よくミスなく行うためのチェックリスト。

この**チェックリストを使ったチェックもペーパーレスでできる**のです。

自宅仕事でチェックリストを使う際に大事なポイントが３つあります。

✣ デジタルであること

紙のチェックリストだと、チェックする手間もかかりますし、繰り返し使うこともできません。（パソコンで使ってプリントアウトすることもできるでしょうが）
また、そのチェックリストを編集するのもデジタルの方がやりやすいものです。

✣ 繰り返し使えること

同じチェックリストで繰り返しチェックをしたいものです。

デジタルのチェックリストでも、チェックを入れた後にそれをいったんクリアし繰り返し使えるという機能が欠かせません。

そうでないと毎回チェックリストをつくらなければいけなくなります。

意外とこの要件を満たしていないアプリも多いものです。

✣ パソコンとスマホで使えること

編集するのであればパソコン、チェックするのであればスマホが便利ですので、両方で使えてデータが連動しているものが好ましいのです。

これらの要件を満たしたGoogle Keepを、今は愛用しています。Google KeepとはGoogleが提供するメモアプリで、無料で使うことができます。

このメモアプリに項目を入力し、チェックリストにすることもできるのです。パソコンでもスマホでもタブレットでも使うことができ、パソコンならWindowsでもMacでもブラウザ上で使え、スマホ・タブレットならiPhone（iOS）でもAndroidでも使うことができます。

私がGoogle Keepを使うのは、チェックリストをアプリ、つまりデジタルでつくるメリットがあるからです。

チェックリストは、改善を加えていくものですので、デジタルでつくっておくと、その改善、編集や追加、削除が楽にできます。

私は、過去にミスをしたポイント、ミスをしそうになったポイントもチェックリストに入れて、常に改善し続けています。

パソコンでリストをつくって、［チェックボックスを表示］をクリックすれば、チェックリストができ上がります。

このままパソコンでチェックすることも当然できますが、スマホアプリを落としておくと、パソコンでつくったものが連動され、スマホでチェックすることもできるのです。［すべてのアイテムの選択を解除］で、チェックがクリアされ、繰り返し使うことができます。

ぜひチェックリストを使ってみましょう。

自分で磨き上げたチェックリストは、税理士業の課題である、効率化と精度（ミスがない）を両立できる可能性があるものです。

53 データで共有するメリット

お客様から資料を紙で受け取ると、それを入力しなければいけません。

また、その資料が届くまでに時間もかかりますし、保管する場所も必要となります。

データで受け取るようにしましょう。

会計ソフト、Excel、さまざまなソフトで使えるCSVデータなどを受け取ると、そのデータをそのまま使ったり、加工して取り込んだり資料をつくったりすることもできるからです。

ただし、この**データを受け取るときに、メールやチャットで受け取らない**ことをおすすめします。


データをメールで受け取る場合、さまざまなデメリットがあります。

✢ 添付ファイルがないことがある

メールで送るときにファイルを添付し忘れることは、よくあることです。「添付ファイルがない」と催促のメールをする手間が発生します。これはもちろん、こちらが送る側のときも気をつけなければいけないことです。また、送るデータのサイズが大きいと、メールに添付できない場合もありますし、先方に迷惑をかける場合もあります。

✢ 最新のデータがどれかわからない

データをメールでやり取りしていると、**どれが最新のものかわからなくなる**ということもあります。誤って編集してしまったら、さらに、手間がかかってしまうものです。

✣ メールを送る手間がかかる

データをメールでやり取りするときには何よりもメールを送る手間があります。ちょっとした時間かもしれませんが積み重なるとそれなりの手間です。その返信もするとなると、双方の手間となります。以上のようなデメリットを解消するために、データを共有してみましょう。

データを共有するにはクラウドというしくみを使います。

クラウドとは、ネットを介して使うサービスであり、クラウドを利用してデータを保存しておけば、お客様も税理士側も、同じデータを見ることができ編集することができる、つまり共有することができるのです。メールを送る手間もありません。

たとえば毎月5営業日までに、お客様がデータを準備するというルールをつくっておけば、６営業日目にそのデータを見に行けばそれで済みます。

それぞれのパソコンがネットにつながっていれば常に最新の情報に保存されるので、混乱することもありません。（ただし同時に編集ができないものもあります）

共有するフォルダをお客様ごとに設定しておくと便利です。

写真やスキャンしたPDF、画面のスクリーンショットといったものを共有することもできます。

クラウドでデータを共有できるサービスとしては、代表的なものにDropbox、Microsoft の One Drive、Google の Google ドライブがあります。どれも使い勝手は似たようなもので、私が使っているのは、Dropbox です。

データの連動が速いということもあり、その他の機能も使いやすいからです。

クラウドを使うには、セキュリティに配慮するため二段階認証は入れておきましょう。二段階認証とは、パソコンの他にスマホで認証しないとログインできないしくみで、より安全に使うことができます。

どのサービスも無料で使える範囲がありますので、ぜひ一度試してみましょう。

会計ソフトの場合もクラウド会計ソフトがあり、ブラウザ上でお客様と共有できます。同時に編集もできますし、会計ソフトのデータを送ってやり取りする必要もありません。従来の会計ソフトでも、その会計ソフトのデータをクラウド上に置けば、お客様と共有することができます。

同時に編集したい、手軽にやり取りをしたいのであればGoogleスプレッドシート、Googleドキュメントもおすすめです。

Googleが提供するExcel、Wordで同時に編集することもできます。

ExcelやWordをDropboxで共有するよりも手軽です。

データ共有を使って、安全に効率化しましょう。

54 年末調整のペーパーレス化

紙を預かる年末調整もペーパーレスは可能です。

一部は紙にはなりますが、減らすことはできます。

2020年からは国税庁の無料で使える年末調整ソフトもありますが、パソコンだとソフトをインストールしなければいけないのが難点です。スマホのアプリのほうがよいかもしれません。

このソフトを使えば、年末調整の書類（扶養控除等（異動）申告書等）をペーパーレスにできます。（事前の申請は必要です）

ただ、お客様側で各社員から国税庁のソフトで作成したデータを提出してもらったあと、対応する年末調整ソフトで取り込まなければいけません。
マイナポータルとの連動は、
・マイナンバーカード、カードリーダーが必要
・連動する保険会社が限定されている
という点から、やらないほうがよいでしょう。

市販ソフトなら、有料となりますが、たとえば、クラウドのジョブカン給与計算を使えば、パソコンやスマホのブラウザから入力でき、年末調整の書類だけではなく源泉徴収票や給与明細もペーパーレスにできます。

自身だけではなく、お客様のペーパーレス、テレワークも実現していきましょう。
効率化の基本的な考え方は、お客様も自分も効率化することです。

お客様側の社員のメールアドレスを必要とすることがネックとなりますが、そのメールアドレスへ、年末調整データ入力のリンクを送り、入力していただくしくみです。
一番のメリットは、
・会社で、紙を配る

・各社員が難解な紙に記入する、押印する（氏名、住所等は前年のデータをあらかじめ入れていましたが）
・回収する
という手間が省けることです。

こちらとしても、紙を預かる必要がなくなりますし、氏名、住所等の入力チェックはなくなります。（保険料、住宅ローン等の証明書は、紙での提出が必要です）

55 納付書いらず！ e-Taxでの手続き

納税の際に使う納付書。

納付書を書く、確認する、手渡しまたは郵送にも手間がかかります。

一方で、お客様側も、その納付書を持って金融機関に足を運ばなければいけません。

お客様の手間をなくすためにも、納付書を使わないようにしましょう。

自宅で仕事をする場合、郵送の手間もかかり、お客様または税務署等から納付書を入手する手間もあります（税務ソフトでつくる方法もありますが）ので納付書はなくしたいものです。

国税については、e-Taxを使えば、納付書なしで納付できます。電子納税といわれているものです。

所得税は、振替納税を使ってもよいでしょう。

法人税、消費税（法人）は、e-Taxで申告した後に、ネットバンクやクレジットカード納付の手続きができます。

お客様に伝えることを考えると、ネットバンクのほうが好ましいでしょう。収納機関番号、納付番号（利用者識別番号）、納税用確認番号（e-Tax開始届時に設定）、納付区分（毎回設定）をメールで伝えれば、お客様側でネットバンクを使って納税できます。

お客様側も金融機関へ行く必要がなくなり、待ち時間なしで納税ができるため、好評です。

電子納税は、税務ソフトでも、e-Taxソフト（Web版）でも手続きできます。

また、毎月や年に2回の源泉所得税の納付でもe-Taxを使うことができ、この場合は、電子証明書（税理士、納税者ともに）も必要ありません。

お客様にやり方をお伝えして、お客様側で手続き、納税することも十分可能です。

ご自身で手続きしたほうが、手続き後にクリックすればネットバンクやクレジットカードで納付できるので効率的なのです。

源泉所得税が0円の場合もe-Taxで手続きすれば、納付書を郵送する必要はありません。特に仕事が集中しがちな、源泉所得税の納期の特例の時期に助かります。

ただし、金融機関や役所等から、「納付書控」を求められたとしても、納付書控はありません。e-Taxのメッセージボックスにログインしてデータをプリントアウトする、または、納税証明書により対応します。

地方税も納付書なしで納付できます。

会社で預かっている特別徴収の住民税も、納付書なしでeLtax（地方税の電子申告システム）で納付できるようになりました。

法人の地方税は、申告書を電子申告し、そのデータに基づいて電子納税ができます。e-Taxと同様に、4種類の番号を入力すれば、ネットバンクで納税できますが、クレジットカード納付は自治体により手続きが異なり、各役所で手続きをしなければいけません。（東京都品川区の場合、クレジットカード用の納付書を取り寄せる必要があります）

ネットバンクでの納税を使ったほうが無難でしょう。

56 デジタルでスケジュール管理

仕事、プライベートのスケジュールを管理するには、大きく分けると2つの方法があります。

1つは紙を使う方法、もう1つはデジタルで行う方法です。

私は、独立当初の13年前は、紙でスケジュール管理をしていましたが、ほどなくしてデジタルに切り替えました。

デジタルであれば、追加、修正、削除が楽です。

仮の予定も気兼ねなく入れることができます。

また、パソコン、スマホ、タブレットのいずれでも編集・確認ができることも特徴です。特にスマホで確認できるのは便利で、お客様とのスケジュール調整を手元にあるスマホでいつでも、すぐにできます。手元に手帳（スケジュール帳）がなくても、後ほど連絡するということがなくなるわけです。

デジタルであれば、**スケジュール履歴を確認しやすいという特徴**もあります。たとえば、去年の今頃何をしていたかを確認しやすいのです。これもデジタルならではの特徴といえるでしょう。

自宅で卓上カレンダーや壁掛けカレンダーは使いにくいものです。仕事の予定名はみられてよいものでもありません。（イニシャルや詳細を書かない方法もありますが）

デジタルのカレンダーは、Googleカレンダーを使っています。Googleカレンダーであれば、対応しているアプリも多く、WindowsでもMacでも、iPhone（iOS）でもAndroidでも使うことができます。

私は、カレンダーを月表示にして使うのが好みです。その好みを反映して、次のようなものを使っています。

・Windows→ブラウザ（Google Chrome）で、Googleカレンダー
・Mac、iPhone、iPad→Moca（月表示のみのカレンダー）
・Android→Yahoo!　カレンダー

それぞれ月表示が使いやすいもので、Googleカレンダーと連動します。どれか1つを編集すれば、すべてに反映されるのです。

Google のA－スピーカーや Google アシスタントアプリを使って、声で予定を追加することもできます。「OK　Google、カレンダーに追加して　A社　5日　13時」といえば、予定を追加できるので便利です。

そして、デジタルならではの特徴として、カレンダーを共有することもできます。

私は、カレンダーを共有して、
・ネット上に公開（予定枠だけ表示）して、予約の際に参考にしていただく
・家族と予定を共有
ということに使っています。

57 ペーパーレスで郵送できるＷｅｂゆうびんを使う

郵送は手間がかかります。封筒、切手を準備し、プリントアウトし、宛名を書き、切手を貼り、投函するなどといったことをしなければいけません。さらには外出して、封筒や切手を買ったり、投函したりする必要があります。

しかも、郵便局以外では、キャッシュレスで買うことができません。

郵送ではなく、データでやりとりできればよいのですが、すべてそうすることはできません。人を雇っていれば、頼むこともできるでしょうが、ひとりであれば、自分でするし

かないのです。

この郵送をＷｅｂゆうびんで効率化しています。

Ｗｅｂゆうびんとは、日本郵便が提供するサービスで、専用サイトで、ＰＤＦまたはWordファイルを登録し、宛先・差出人を登録して決済すれば、先方に郵送してくれます。**外出せずに自宅にいながら郵送手続きができるのは大きなメリット**といえるでしょう。

封筒、切手の準備は必要なく、プリントアウト、宛名書き、切手貼り、投函をする必要がなくなるのです。

Ａ４白黒なら99円（消費税10％込）、追加1ページ当たり5円、カラーなら１４６円、追加1ページ当たり52円（最大８ページ）かかりますが、手間をなくすことができることを考えると安いものでしょう。

決済は原則としてクレジットカードです。

私は、請求書のほか、税務申告の際に別途送付する決算書もこのＷｅｂゆうびんで送っています。

私が使う税務申告システムだと、別途送付したほうが早いからです。

ただし、返信用封筒等を入れることができませんので注意しましょう。

郵送物の印刷品質も問題ありません。Ａ４サイズが３つ折りで届きます。プリントアウトの状態や封筒等を事前に確認したければ、試しに自分宛にして1通送ってみましょう。

私はFAXを持っていませんので、FAXを使わず、WebゆうびんをFAXがわりにも使っています。

FAXまたは郵送でしかやりとりができない場合は、このWebゆうびんで送ってみましょう。

やりとりの際に、FAXを指定された場合、FAXがわりとして使うこともできます。FAXを普段使っていない状態でFAXを一時的に使うなら、コンビニから出すか、ネットのFAXサービスを使うことになりますが、Webゆうびんで手間をかけずに郵送する方法もあります。

郵送を効率化したいときに使ってみましょう。

なお、私は、このWebゆうびんをRPA（UiPath）で自動化しています。Excelに送り先を入れ（または選び）、PDFを準備してからRPAを実行すると、Webゆうびんの決済画面に進みますので、確認してクリックすれば郵送ができるというしくみです。

第5章

自宅仕事でのコミュニケーション

58 コミュニケーションは非同期

コミュニケーションには常につながっている「同期」と、そうではない「非同期」のものがあります。

会話や電話、チャット、ビデオ通話といったものは「同期」のコミュニケーションです。「同期」のコミュニケーションの効果は高いのですが、常に「同期」だと仕事にならないのも事実でしょう。

「同期」を強いられる、強制的に接続を求められる電話はなおさらです。

「非同期」のコミュニケーションとして代表的なものには、メールがあります。メールを送って適度なタイミングで返していただければよいですし、こちらもメールを受け取って適度なタイミングで返すので、負担がそれほどありません。

もし、「同期」のコミュニケーションが必要なら、必要に応じてやればよいだけです。

常に「同期」ではなく、**常に「非同期」、たまに「同期」のほうが集中できます。**

私は「非同期」で済む場合、こちらから「同期」を求めることも、極力しないようにしています。

「同期」のコミュニケーションはここぞというときのためのものです。

仕事は集中して取り組むことで効率が上がるものですので、「同期」を限定することが欠かせません。

誰ともつながらず、自分とだけつながっている感覚です。

「電話が鳴らなくて仕事がはかどる」

「誰もいなくて仕事がはかどる」

といったことがあるのは、「非同期」だからでしょう。

なお、せっかくの「非同期」なのですから、これらの通知はすべてオフにしておきましょう。

集中するためにも、パソコン、スマホに通知が来ないようにしておくべきです。

「非同期」のコミュニケーションとしては、他にブログやメルマガ、SNS、YouTubeなどがあり、ブログとメルマガは毎日書いています。

「同期」のコミュニケーションの代わりに、こういった日々の「非同期」のコミュニケーションで、バランスをとっているわけです。

いわゆる「さびしさ」「人恋しさ」がないのは、こういったことをしているからかもしれません。

「同期」して伝えたいこと、聞いてほしいこと、知ってほしいことなどをひたすら発信しておくと、「非同期」にも慣れます。

読んでいただく「誰か」とコミュニケーションしながら書いているので、ある意味「同期」といえるからです。

「同期」は、データの取り扱いでも使い、データはクラウドで「同期」するのが好ましく、「非同期」だとやりとりが生じ、効率が悪くなります。

「データは非同期で、コミュニケーションは同期」ではなく、**「データは同期、コミュニケーションは非同期」という環境をつくりましょう。**

自宅仕事は個の力が大事ですので、その個が集中する環境が欠かせないからです。

59 「メールでよい」ではなく「メールがよい」

メールは、お互いの邪魔をせず、相互の意思を送ったり受け取ったりすることができるツールです。

メールは記録が残りますし、作成したファイルを添付して送ることもできます。

静かに返信でき、家族を気にする必要もありません。子どもと遊びながらメールを返すこともできます。

「電話のほうが丁寧」という認識を捨て、「メールで失礼します」「メールですみません」などと書かない、いわないようにしましょう。

「メールでよい」ではなく「メールがよい」のです。

効率化の基本は、自分もお客様も効率化できることで、電話をなくすことでなしえます。

自宅仕事を効率化し、お客様の役に立つためにも、電話をなくしていきましょう。

60

メールの言葉をやわらかくする

自宅仕事では対面コミュニケーションが減るため、テキストでのコミュニケーションが重要です。

税理士は仕事柄、テキストが硬くなりがちですので、十分気をつけましょう。

税理士になるために、そして、税理士になったあとも、税法を学び続けるので、そのことのメリットはもちろんあります。

しかしその一方で、デメリットもあるのです。

その1つは、**硬い表現に慣れてしまう**こと。

税法はもちろん、役所の出す文書もすべて硬い表現が多く、日々目にしていると、それらが普通に思えてきます。

そのまま自分が使ってしまうと、硬い表現になりがちです。

対役所、対税理士で仕事をするわけではなく、対お客様で仕事をしているわけですから、やわらかい表現にしたほうがよいでしょう。

表現をやわらかくするには、

・ひらがなを使う

・言い換える

という工夫が必要です。

「言い換える」というのは、たとえば、「取得する」ではなく、「買う」にするようなことをいいます。

「取得する」という表現は、通常は用いない表現です。

税法その他にどっぷりつかりすぎないことが大事ですが、税理士業はある意味どっぷりつからざるをえず、自分の頭の中で言い換えながら読むというのが現実的でしょう。

さらには、自分の言葉に言い換えてアウトプットしたいものです。

硬い、難しい表現を読み解き、アウトプットするときには変換していきましょう。

日々アウトプットするのも、どっぷりつからない鍛錬の1つで、必要以上にどっぷりつかりすぎないようにしています。

税法の表現の硬さを意識し、表現をやわらかくすることを考えてみましょう。

たとえば、指摘事項がある時は、

「〜したほうがよいかもしれません」

「〜していただけないでしょうか」

「〜という形でお願いします」

と書くようにしています。

もちろん、その裏には強い要望もあるわけですが、やわらかい表現だと、受け入れられやすいものです。

「修正してください」「わかりやすく説明してください」といった、「ください」は強い表現ですので、私は使わないように意識しています。

文章でも極力使わないようにしていますし、顧問のお客様とのやりとりでも使いません。

言葉に対する感覚は、人それぞれですが、何かを感じ、自分が使う言葉に反映することが大事ではないかなと思います。

税理士が発する言葉は影響力を持ち、強すぎる場合もあるので、気をつけたいものです。

（強くいわないといけない場合もあるでしょうが、強くいう必要があるお客様は、そもそもよいお客様ではない気もします）

61 メールできちんと伝える

メールでのコミュニケーションでは、「書く」スキルが重要です。

「きちんとしたメールを書けるか」ということを、常に意識して、スキルを磨きましょう。

それは、
・会社名、役職、部署をきちんと書く
・敬語、時候の挨拶をただしく使う
・署名を入れる
といったことではありません。（こうした基準だと、私はきちんと書けていません）

それよりも、
・きちんとやりとりができていること
・気持ちがこもっていること（自分の言葉で書いている）
・読むのにストレスがない文面であること
などが大事ではないかなと考えています。

「話すとよい人だけど、メールだとそうではない」話が通じない、と思われたら、仕事のやりとりをするのは、難しくなるでしょう。

「メールがきちんと書けるか」、つまり「文章で話せるか」ということには、こだわっています。

文章をきちんと書けないと、**付き合える人、受ける仕事の幅をせばめてしまう**からです。
お客様にメールを送っても全部読まれていない場合もあり、お願いしたことに対して返信がないということもあります。
お客様の状況（時間がない）やお客様の特質によるものであったとしても、送る側である程度工夫すべき部分です。

私は、

・お願いしたいことには、見出しをつける（番号をつける）
・情報、挨拶などと、お願いごとは明確に分ける
・改行する

ということを工夫しつつ、必要があれば、メールを分けたりしています。
送る側で工夫しようはあるものです。

62 オンライン打ち合わせに慣れるには

対面での打ち合わせが難しい状況では、オンライン打ち合わせに慣れていく必要があります。

ポイントは、対面との質の違いをなくせるかどうかという点です。

目の前で話すのとは、どうしても違いがあり、そのリアル感はあきらめるしかありません。

対面との違いをなくすには、提供するものを工夫するとよいでしょう。

・何を話すか
・何を見せるか

という部分で工夫すべきです。

工夫を要するという点は、オンラインでもオフラインであっても変わりません。

画面共有でExcel、ＰＤＦ、会計ソフトや税務ソフトはみせることができますし、お客様のパソコンを操作することもできます。

こういった遠隔操作も練習して慣れておくべきです。

自宅（事務所）にパソコンが2つあれば、練習しやすいのですが、そうでない場合は、お客様か友人に頼んでテストする手もあるでしょう。（私はひたすらテストしました）

テストしなくても、お客様との打ち合わせ、つまり現場で試してみてもよいわけです。完璧でなければいけないわけではありません。

画面共有だと、資料のつくり方も変わりますし、Power Pointのほうがみやすくなるでしょう。


試行錯誤しつつ、相手のことを考え、対応していく姿勢が重要なのです。

63

チャットに気をつける

オンラインでの打ち合わせでは、実際に会話をする以外に、リアルタイムでテキストコミュニケーションをとるチャットができます。

チャットは、かなりの時間と労力を要するコミュニケーションですので気をつけましょう。

密なコミュニケーションを図れるツールですが、平日のほとんどをチャットに追われるという事態は避けたいものです。

集中力もそがれてしまいます。

テレワークでは、上司とのチャットが最も邪魔なものとされているそうです。

ひとり税理士にはその心配はありませんが、お客様との多すぎるチャットには気をつけましょう。

自分がチャットで相手に時間を使わせてしまっていないかということも気をつけなければいけません。

私は極力チャットを使わず、メールを使うようにしています。

メールなら、お互いのタイミングで、お互いの時間を尊重しながらコミュニケーションを取れるからです。

チャットを使うとしても、**メールのような使い方をするように心がけています。**

64

オンライン打ち合わせは危険

オンライン打ち合わせをすすめてはいますが、やりすぎてはいけません。

移動せずに打ち合わせができる手軽さから、オンライン打ち合わせの予定をどんどん入れてしまう可能性があります。

1日に2～3件、5件、ときには10件と入れてしまうことも不可能ではないでしょう。

しかし、打ち合わせには時間がかかり、意図せず長引くこともあります。

打ち合わせの時間はもちろん、カメラで顔を映し出すとなると、服装をどうするか、容姿を整える（化粧、髪、ひげなど）、背景をどうするか、周りの音（家庭音、家族など）など**気を使うことも多く、準備に時間がかかる**ものです。

また、早朝や深夜にも、オンラインだと打ち合わせができてしまいます。

しかしながら、そうしてしまうときりがなく、ずっと仕事をする羽目になるでしょう。

オンライン打ち合わせのしすぎには気をつけなければいけません。

打ち合わせだけではなく、それ以外の催事も同様です。

オンライン飲み会＝Zoom飲み会もそれなりに時間がかかりますし、オンラインで気軽に研修やセミナーを受けることができるので、それらにも気をつけなければいけません。無料だからといってどんどん参加していては時間がなくなるばかりです。

メールで済むものはメールで済ませ、オンラインでの打ち合わせ時には、その場でなければできないことを話し合いましょう。

話し合って決定すべき事項はオンライン打ち合わせ、報告事項はメールといった使い分けが必要です。

私は、もともと打ち合わせの数を増やさないようにしています。

お互いのためでもあるからで、こちらから打ち合わせをお願いするとしても、**オンライン打ち合わせを要する明確な理由がある場合に限っています。**

・画面共有で、資料をみて話したほうがよい場合
・お客様のパソコンをリモート操作する場合
・顔を見て話したほうがよい場合、話すべき場合

であればオンラインでの打ち合わせを行いますが、必要ない場合はメールで済ませるべきです。

65 オンラインで話す場合の注意点

対面では目を見て話すことが大事であるように、オンラインでも相手の目をみて話すことが大事です。

オンライン打ち合わせの場合、カメラの位置がカメラ目線になります。

画面に映っている相手の顔を見てしまうと、目線が少しずれることになります。

意識しておきましょう。

カメラの位置にも注意です。

通常、パソコンのカメラは自分の顔よりも下にあり、上から見下ろすような格好になってしまいます。

威圧感が出てしまうので、パソコンを台の上に置く、または別途カメラを使い、下から見上げるような位置にするとよいでしょう。

また、カメラに近すぎて、ドアップになっていないか気を付けたいものです。

自分の顔を映す際の照明も重要で、暗いと、相手に与える印象も悪くなってしまいます。

LEDライトを脇に置き、ライトを天井に向けておくと、反射光が間接的に当たり、ちょうどよくなるので、試してみましょう。

照明を顔に直接当ててしまうと、明るすぎますし、肌がてかる場合もあります。

部屋の照明が強すぎる場合、真上からの光で髪のあたりだけ明るくなりすぎてしまうため、照明を調整できるものに変え、少し暗くしましょう。

オンラインでは**お互いの意図を表情で伝えにくくなるので、身振りや手振りを意識するとよい**でしょう。

特に両手をうまく使いたいものです。

カメラを使うなら、自分の顔に加え、背景も映ります。

映したくないものが映ってしまう怖れもありますし、家族が後ろを通ることもあるかもしれません。

背景は生活感がみえすぎないように壁や窓にするとよいでしょう。

また、背景に好きな画像を設定できるバーチャル背景という機能もあります。

Zoomではバーチャル背景が使えますが、自分と背景の境目の処理は曖昧で不自然になるので、できるなら実際の背景にしたいものです。

もし、バーチャル背景を使うなら、部屋の中のような背景がよいでしょう。外の背景だと、違和感が出てしまいます。

66

オンライン打ち合わせでペンを使う方法

オンラインでのセミナーや打ち合せで考えているのは、「いかに対面に近づけることができるか」ということです。

もちろんオンラインのメリットもありますが、対面でのセミナー・打ち合わせに劣る部分があるのも事実です。

その1つとして、目の前でささっと手書きできるかどうかというのがあります。

オンラインで手書きしたものを相手に見せるには、次のようなことをやってみましょう。

・紙に書いてカメラに向けて映し出す
・ホワイトボードに書いてカメラを向けて映し出す
・ペン対応のパソコンを使う
・液晶タブレットを使う

・パソコンにiPadの画面を映し出す（Zoomだとできます）
・iPadでオンライン打ち合わせをする

私はWacomの液晶タブレットCintiq 16を使っています。6万6000円ほどで、15・6インチの画面であり、iPadの最大の12・9インチより大きく、iPadで最も高い12万円のものよりは安いです。

パソコンとはUSBケーブルとHDMIケーブルでつなぎます。たとえばパワポのスライドショーをタブレットに映し出し、そこに手書きすることができるのです。

Office（Excel、Word、Power Point）にも手書きできる機能があります。手書きしたもの（インク注釈）はそのまま保存することもできますし、保存したくないのであれば一括して消すこともできます。

ペンを使うなら、無料のMicrosoft Whiteboardも便利です。

67 夜はメールしない

お客様とのやりとりの時間を決め、その時間帯以外にはこちらからもメールをしないようにしましょう。

メールをするとその時間帯は連絡を取ってもよいということになってしまいます。

私の場合は仕事をしている時間帯は平日4時から18時ぐらいではあるのですが、メールをやり取りする時間帯は平日9時から16時です。

それ以外の時間帯もメールを見ることはあっても返信はしません。(原則として16時以降のメールは見ないようにしています)

もともと夜は早く寝るため、夜のメールは見ることはできないという事情もあります。

また、早朝は4時なり5時に起きていますが、メールをみることはあっても返すことはしません。

早朝起きているということはお客様もご存知ではあるのですが、それでも早朝の返信はしないようにしています。

営業時間外という扱いです。よほど急ぎのものでない限りメールはしません。

そして、この「急ぎのメール」というのはそれほどないものです。

自宅仕事は、自分の時間帯でメールをやりとりし、それ以外はつながりを断つようにしましょう。

そうしなければ意識して心を休めることができません。

68 金曜日、夕方もメールしない

私は基本的には土日もメールをしません。

そのためにしていることの1つとして、「金曜日にメールをしない」ということがあります。**金曜日にメールをすると、土日に返信を受け取る可能性も高くなる**からです。

何か用件があれば木曜日までにメールをするようにしています。

金曜日はメールができないわけですから、木曜日までに用件を済ませるよう考えるというメリットもあるのです。

同様に、夕方にメールをしないようにしています。**夜に返信を受け取る可能性が高くなる**からです。

私はメールを送受信するのにGmailを使っており、スヌーズという機能をよく使っています。スヌーズとは目覚まし時計・アラームにもあるように、しばらく後に再度告知してもらう機能です。

夜や土日にメールを受けたときは、スヌーズしてその翌日の10時や、月曜日の10時に設定します（自動設定できます）。そうすれば受信トレイからそのメールは消えるのです。

そもそも私は受信トレイに要返信メールしか残していません。

それ以外のメールはアーカイブというGmailの機能でみえないようにしています。

返信するメール、返信しないメールが混ざっていると返信し忘れることもありますし、何よりも画面のメールボックスにメールがたくさんあるという状態は落ち着きません。

スヌーズしていったん受信トレイから消えたとしても、翌日や月曜日にそのメールが再び受信トレイに現れるので、忘れることはありません。

Gmailをお使いの方は、スヌーズやアーカイブを試してみるとよいでしょう。

なお、Gmailには送信予約という機能もありますが、私は使っていません。

送信予約とは早朝や夜、土日にメールを書いて送信予約をすれば、先方にその予約日時にメールを送るというものです。

便利ではあるものの、私は自分が決めた時間以外にメールを書くという行為自体をなくしたいと思っています。

送信予約を使うといつでもメールを書けるということになり、公私の区別がなくなってしまいます。

第6章

自宅仕事で外部とつながる工夫

69
外部とゆるくつながる工夫

自宅仕事では、外部からの刺激は少なくなります。

外部とのつながりは積極的につくっていきましょう。

自宅でひとり税理士をしていると、特に新型コロナ以後の状況では、本当に自宅にこもりきりになってしまいます。

人と会わない、しゃべらない、情報を得ないということになってしまうわけです。

世間の感覚とずれたり、業界の情報や外部の情報が入ってこなかったりする不安もあるでしょう。

仕事の感覚というものも失われるかもしれません。

しかしながら外部とつながりすぎることにも気を付けましょう。

自宅かどうかはともかく、ひとりで仕事をするということは、個を活かし他との違いを出さなければいけません。

その過程では、むしろ「世間」「業界」「常識」「ふつうは」は必要ないでしょう。

世の中のことを広くまんべんなく詳しく知っておく必要はありませんし、流行や最新情報を追いかける必要もありません。

情報を得るということは限界がありますし、まんべんなく物知りになるよりは、自分の強みになるようなものに集中して専門的に磨いていったほうがよいでしょう。

外部と接しすぎるということは、外部の影響を受けすぎることにもつながります。

多くの人が知っていることと同じことを知っていても、違いは出せません。

横並びを求められる独立前とは違う世界なわけです。

私は結構知らないことが多く、多くの人が知っていても私が知らないこと、多くの人ができていても私ができないこともたくさんあります。

ただそんな私でも、多くの人が知らないことで知っていること、多くの人はできないことでできることがあり、そこが違いになっているのです。

無理に外部とつながるよりは、むしろ、つながらないほうがよいのではないでしょうか。

とはいえ、外部とつながっていないと仕事の依頼を受けることができません。

外部とゆるくつながる工夫が必要なのです。

70 インプットで外部とつながる

自分に必要なもの、そしてお客様に必要なものは徹底してインプットしています。

インプットとは、外部とつながること、外部から得ることです。

自宅にいても外部からインプットすることはできます。

書籍やセミナー、コンサルティングといったものからインプットできるものです。

書籍はネットで注文すれば届きますし、Kindle本（電子書籍）もあります。

研修、セミナーやコンサルティングもオンラインで実施されていますし、無理に対面のセミナーに行く必要はありません。

ネットからのインプットは、無料で貴重なものですが、ネットからはまんべんなくインプットするわけではなく、ネットニュースはみていません。

さらには、一般紙も読みません。

インプットを一般的な方向へ増やしてしまうと、せっかく断った外部からの刺激を受けすぎてしまいます。

インプットを厳選しても、外部からの刺激は十分受けることができますし、好きなとき

に必要なだけ情報を取れるのです。

71 ＴＶをみないことで時間をつくる

仕事とプライベートの時間をつくり、外部とつながるために、何をしているか。

まっ先に思いついたのは、「テレビをみていない」ということです。

自宅でテレビをみないことで時間をつくれていると実感しています。

テレビをみないということは、ニュースもドラマもドキュメンタリーもみないということです。

・知らないニュースが増える
・知らない芸能人、お笑い芸人が増える
・テレビからの情報源が一切なくなる

というのは、外部とつながるうえでデメリットと考える方もいるかもしれませんが、私の場合、テレビをみないことはむしろメリットであると感じています。

知らないニュースが増えるというのは知らなくてよいニュースが増え、知らなくてすむのです。

必要ないニュース、みるに耐えない、聞くに耐えないニュースも世の中には多く、イライラしたり悲しんだりということをしなくて済みます。（時事ネタが多い方の投稿やブログも見ません）

テレビをつけていると、繰り返し同じニュースを流していて、それが印象に残るというのはメリットでもあり、デメリットであるともいえるでしょう。

私は病院などの待合室でテレビがついているのが嫌いで、そういうときにも音を遮ることができる愛用のイヤホンは最適です。

世間知らずとなるデメリットはありますが、そのぶん他のものからインプットしていますので、偏りはしますが、**自分で選んだインプットが行えています。**

むしろ、**偏りは武器であり、偏らないと違いをつくることはできない**ものです。

知らない芸能人、お笑い芸人が増えても、テレビの話題についていけなくても、デメリットに感じていません。

それで仕事を失ったり、付き合いを失ったりしているかもしれませんが、しかたがないことです。

会話についていくためにテレビをみるということはしたくありませんし、この部分については完全に割り切りました。

テレビからの情報源を断つことにより、**結果的に他の情報源からのインプットに時間を割けています。**

ネットでも一般的なニュースサイトはみていません。

薄くまんべんないインプットよりも、**自分だけの濃いインプット**を心がけています。

自分が知らないことがあると、そのぶん自分だけが知っていることをインプットしているともいえるでしょう。

人が1日にインプットできる情報量は限られていると思うので、なんとなくのインプットや自分が必要としないインプットはしない主義です。

時間をつくりかつ有益なインプットを増やしたいというのであれば、テレビを試しにやめてみてはいかがでしょうか。

72 雑談不足をどうするか

雑談。

何気なく話すのは、楽しいものです。

雑談は、最高のインプットだと思っています。

さりげなくメモを取りましょう。

ちょっとした一言がヒントになるからです。
・ほめられた
・興味深く聞かれた
・驚かれた
・感謝された
・笑われた（良い意味でも悪い意味でも）
といった、相手からのフィードバックは、最高のインプットになりえます。


特にほめられたときは、要注意です。

ほめられる、感謝されるということは、**自分の強みである可能性が高いものを相手に教えてもらっている**ということです。

しっかりとメモしておきましょう。


人に、ほめられると恥ずかしく感じてしまうでしょうが、私は独立当初、ほめられたら「ありがとうございます」と受け止める練習を繰り返していました。

自分の強みを見出すせっかくのチャンスですから、逃さないようにすべきです。

さて、雑談の機会を増やすには、どうしたらよいでしょうか。

自宅で、かつひとりで仕事をしていたら、日常的に雑談はできません。

そこで私がしているのは次のようなことです。

・Zoomその他のオンラインツールで飲み会をする
・オンラインセミナーや打ち合わせの前後や途中で雑談をする
・ゆるく話すだけのオンラインイベントを企画する

オンラインでもつながり、雑談はできるものです。

そして、2021年1月に登場した音声のSNS（ソーシャルネットワークサービス）、Clubhouse（クラブハウス）。

このClubhouseでも雑談はできます。

声で雑談し、それを聞いてもらうこともできますし、参加してもらうこともできるしくみです。

一方で、自分が他の雑談を聞くこともでき、参加することもできます。

オンラインで同時に雑談しなくても、同時ではなく非同期で、雑談することも可能です。ブログやSNS、メルマガなど、**お互いが何かしら発信していれば、疑似的な雑談となり、相互にインプットできる**のです。

まずは自らが発信し、「雑談したい」「話を聞きたい」と思っていただくことが大事です。雑談でアウトプットし、相手のインプットになることを目指しましょう。会やイベントを主催すれば、雑談の機会を提供することができます。主催するスキルは、独立後、大事なものです。

主催するスキルとは、こちらからメニューを掲げる、企画する、提案するというものであり、会を主催するのは、よいトレーニングになります。

・雑談からヒントを得たら、大事に記録する
・雑談したいと思われるように発信する
・雑談の機会を提供する

ということを意識してみましょう。

73 自宅にいながら人と出会う

外部とつながるためには、自宅でひとりで仕事をしつつ、新たに人と出会うということも考えていきましょう。

出会うといっても、直接、対面で出会うということではなくて、新たに知っていただく、新しい方から仕事の依頼を受けるという意味です。

はじめてお目にかかる方からは、特に刺激を受けます。

「自宅にいながら」ということはネットで依頼を受けるということです。

ネット上でも「はじめて出会う」ということを意識しています。

顧問、つまり継続的な仕事だけでなく、単発の仕事もしているのはそのためです。

アウトプットをしておかないと、そういったことにはつながりません。

私自身、家にこもりきりではあるのですが、外部とのつながりは積極的に保つようにしています。

だからこそアウトプットが欠かせません。

自宅でひとりで仕事をする生き方は、**自分の描く方向性で外部とつながりを持てる可能性**があります。

誰とでもつながりを持ち、わかり合えるのが理想なのかもしれませんが、つながりや人間関係は疲弊することも多く、結果、ひとりで黙々と仕事をしようと考える方もいらっしゃるかもしれません。

私自身、そう考えていました。

しかし、今では自分の望む方向性でつながりを持つことも不可能ではないことを知りました。

ひとりで生きていくこともできるかもしれませんが、つながったほうがより楽しくなります。

自宅仕事で孤立せずに、外部とうまくつながっていきましょう。

74 オンラインセミナー、研修の疲れない受け方

外部とのつながりを得られるオンラインセミナーや研修は、自宅にいながらインプット、勉強ができるものです。

しかしながら、慣れていないこともあり、「疲れる」という声を耳にします。

疲れないように工夫して、オンラインセミナーを受けましょう。

リアルタイムのオンラインセミナーで、参加者のカメラをオンにしなければいけない場合、疲れる可能性があります。

カメラがオンの場合も、カメラを凝視して力が入っている場合も多いです。カメラをオフにできるのなら、オフにしておきましょう。

また、力を抜き、画面から少し離れて聞くようにしましょう。

疲れたらオンラインセミナーの内容も頭に入ってきません。

ソファーに座って聴いても、寝転びながら聴いてもよいですし、何か食べつつ飲みつつ、家事をしつつ、子どもをあやしつつ、勉強することもできます。

ときには仕事をしながら聴くことも可能です。

ながらセミナーにはワイヤレスイヤホンが欠かせません。

私はAirPods Proを使っています。（前述した、音を遮断して集中するときに使うShure 535と使い分けています）

イヤホンを片側だけ付けることもできますし、外の音を聞こえるようにすることもできるので便利です。

ワイヤレスイヤホンだと、動きながらセミナーを聴くことができるので、キッチンに行ったり、別の部屋に行ったりすることもできます。


イヤホンだと、音が直接入ってくる感覚もあるので、より頭に「入ってくる」でしょう。


こちらの音が聞こえてしまう可能性もあるため、マイクはミュートにしておきましょう。質問するときは一時的にミュートを解除するか、チャットでするようにしましょう。

自分が音を立てることで他の方にも迷惑がかかりますし、音を気にしながら受けるとそれはそれで疲れるからです。（前述のとおり、雑音が入りにくいマイクを使うと、より楽です）

75 自宅での読書がはかどるブックオフ

自宅での読書は効果的かつ効率的なインプットであり、**外部とのつながりを得られる有効な手段**です。

2000円ほどで、多くの知識を得ることができますが、読んでみないとそれが自分のためになるかがわかりません。

すべての本が勉強になるわけではなく、割合としては11冊に1冊くらいです。

だからこそ、多く読む「多読」をしています。

じっくり読んでも、さっと読んでも得るものはさほど変わりません。

むしろ、本をどんどん読んで、行動していきましょう。


税金や会計、経理に関するビジネス書を読むことも必要です。

知識としてはというよりも、お客様の視点で物事をとらえるために、どういった表現をすればよいかを研究するために読んでいます。


とはいえ、他にもすることがあると読書はなかなかはかどりません。

そんな時は強制力を借りるとよいでしょう。

たとえば、ネットで申込、集荷してくれ本を売ることができるブックオフオンラインがあります。

2週間後にブックオフオンラインの集荷を頼み、その締切に合わせて本を読みすすめるのです。

買取金額はそれなりですが、読書も捗り、本から得るリターンもあり、本も片付きます。

新型コロナ以後は移動や外出が減ったので、Kindle本よりも紙の本で読むことが増えました。

紙の本のほうが速く読め、積み上がり、減っていく過程がわかりやすいからです。

また、ブクログというサービスを使って読んだ本の冊数を記録しておきましょう。スマホアプリでバーコードをスキャンすれば登録でき、何冊読んだか、何を読んだかを記録できます。

目標冊数を決めて、記録し、読書の励みにするとよいでしょう。

第7章

自宅にいながら営業するには

76
自宅で集中できる仕事の依頼を受けるには

自宅仕事で大事なことは、その仕事に集中できるかどうか。

営業するにあたっては、どんな仕事の依頼を受けるかを意識しておかなければいけません。

好きな仕事なら集中できるはずです。
集中できないのなら、そもそもその仕事を受けたことが間違っていた可能性もあります。
・楽しくない
・めんどくさい
・本当はやりたくない
ということであれば、集中できない、サボってしまうのも当然です。

仕事の入り口から、その仕事が集中できるかどうかを考えておきましょう。

「集中できる」といった、自分が思うような仕事の依頼を受けるには、自力で営業するしかありません。

他力営業＝紹介では、難しいものです。

独立前のような、**与えられた仕事では集中できません。**

自分で仕事の依頼を受けられるようにしましょう。

依頼を受けるには、積極的に発信していかなければいけません。

集中できる仕事について、

・この仕事ができる

・この仕事がしたい

・この仕事ならお役に立てる

ということを出していきましょう。

依頼を受ける側が、きちんと伝えなければ、自分が思う仕事を受けることができません。

この伝える精度を日々上げていきましょう。

では、集中できる仕事とは何か。

・好きで得意な仕事
のほか、
・新しい仕事
・新しい出会い
・難しい、やりがいがある仕事
も集中できる仕事になるでしょう。
自分が集中できる仕事を言語化することも欠かせません。

仕事に集中するには、自ら集中力を高める努力も大事ではあるのですが、集中できるような仕事を選ぶということも意識してみましょう。

なお、本書を書くことは、最高に集中できる仕事でした。

77 会えない時代の営業

新型コロナの影響により、人に会うことが難しくなっていることでしょう。
既存の顧問先の仕事は、

・会う頻度を調整する
・オンラインで対応する
といったことができなくはありません。

人に会うことができないことで影響があることの1つは、営業です。

交流会やセミナー等で人と出会うということも、ひとまず会ってみるということも、難しくなっているからです。

リアル営業、つまり対面で会うことによる営業は、独立後、仕事の依頼を受ける1つの方法です。
・対面で商談する
・交流会で会う
・セミナーの懇親会で会う
・日常で会う
などという方法があります。

プライベートで会って、その後、仕事の依頼を受けるということもありえるものです。

私は、ネットでのみ営業をしているようにみえるかもしれませんが、リアル営業からの仕事の依頼もあります。

ただ、得意ではなく（ネットと比較して相対的にという意味で）、特に、商談、対面して自分のサービスについて話し、契約を促すのは苦手で、できればやりたくないことです。

だからこそネットでの営業に力を入れました。

同じようにリアル営業が苦手（得意な方のほうが少ないでしょうが）なら、ネット営業をするという手もあります。

リアル営業またはネット営業のどちらかはやらざるをえません。

リアル営業が苦手という場合だけではなく、今は新型コロナの影響もあり、人に会いにくい状況でもあります。

ネット営業に力を入れざるをえない、入れるしかない、という状況ともいえるでしょう。

平常時になっても、役に立つスキルです。

78 名刺交換なしで営業するには

名刺交換は通常、対面で行われます。

人と会わないと名刺交換はできず、新型コロナ以後は名刺交換の機会が減りました。

ただ、営業はしていかなければいけません。

私は名刺がなくてもなんとかなると考え、新型コロナ以前から名刺をやめています。

それはネットがあるからです。

名刺に書いてあるようなことはネット上に書いてあり、いわば常に自己紹介をしています。

相手側もネット上にプロフィールを書いていれば、お互いにいつでも好きなだけ名刺交換をできる時代です。

ブログ、ホームページそしてFacebook、Twitter、インスタなどといったＳＮＳに自分に関する情報を載せておけば、それだけで知っていただける可能性はあります。

もちろん、記事を書いてあるのが理想ですが、書き始めるまでに時間がかかるのであればそれはもったいないことです。

1ページだけのホームページをつくり、そこにプロフィールと問い合わせフォームだけ載せておきましょう。

ホームページを立ち上げようと考えると、いきなりたくさんのページをつくろうとするから時間がかかるわけです。

Word Press でシンプルなページをつくり、せめて自分の名前で検索して、そのページが出てくる状態にはしておきましょう。

ただし、プロフィールはできるだけ詳しく書くようにします。

仕事の経歴だけではなく、プライベートのことも含め、**出せるものは全部詳しく書いておくと、接点を見つけていただきやすくなる**からです。

・「読書」ではなく、どんな本が好きなのか
・「音楽鑑賞」ではなく、誰が好きでどの曲が好きなのか
・「映画鑑賞」ではなく、どの映画が好きで、どのキャラクターが好きなのか、俳優が好きなのか

生まれた場所も駅まで詳細に書いておきましょう。

私の場合、地縁のある方から、何度も仕事の依頼をいただきました。

経歴やどこで働いていたか、税理士登録番号だけでなく、自分の仕事のスタンスや人となりがわかることを書きましょう。

「税理士」と書いただけでは、自分の人となりは伝わりませんし、他の税理士との違いも出せません。

また、対面で顔を合わせる代わりに、ネット上にもプロフィール写真を載せておきましょう。

プロフィール写真は、証明写真や税理士証票の写真と異なり、正面を向いていなくてもかまいません。むしろ真正面はよくありません。

また、文章は、対面で話すように書きましょう。

ホームページの文章を自分で考えて自分の言葉で書くことはもちろんのこと、ブログやメルマガという形で、知識やスキル、考えを書くこともおすすめです。

ネット上で、**「会ってみたい」「話を聞いてみたい」「相談したい」と思っていただくための材料を準備する**必要があります。

名刺交換がない時代、名刺に使っていた力を他のものに注いでいきましょう。

「ネットで営業」というと、「ネットからは変な人や問い合わせしか来ない」と思われる方もいらっしゃるかもしれません。

ネット営業だからダメというわけではなく、やり方次第です。

79 営業をＩＴでなんとかする

独立前は営業をしたことは一切ありませんでしたが、独立後はＩＴでなんとかしています。

自宅仕事で営業するにはＩＴが不可欠です。

ＩＴで苦手なものを解消できるという面もあります。

そもそも**ＩＴは人ができないことや苦手とすることをサポートする**ような役割だからです。

ホームページやブログ、ＳＮＳで自分を知っていただき、自分のスタンスを明らかにし、精度の高い仕事の依頼を受けられるように工夫しましょう。

こういったものを使うと、毎日営業ができ、自分が他の仕事をしていても休んでいても、遊んでいても営業ができるのです。

「今日は営業するか」「そろそろ営業始めるか」ということを考えなくてもすみます。

大事なのは精度で、合わない依頼をいただくのは、自分のせいです。

自分に合う、**自分がお役に立てる仕事の依頼をいただくために、発する言葉、メニューなどは日々工夫**していきましょう。

仕事の依頼をスムーズに受けるには、フォームを使い、できれば、自動返信メールを使いたいものです。

ご入金いただくまでが営業ですので、私の場合は、Amazon Payを導入し、カード決済にもITを活かしています。

また、自分と同業の方のリサーチを常にやっておきましょう。

更新をチェックできるfeedlyに数多くのブログを登録しておくと、毎日リサーチできるのです。

他の方の営業方法から学べることも多いでしょう。

80 「できますよ」で仕事が増える

仕事につなげるには、「できますよ」といっておくことも大事です。

独立後、食べていくには、仕事が必要ですので仕事の依頼を受ける工夫は欠かせません。

その工夫として、どんな仕事ができるかを外部に伝えましょう。

実際、これまでも仕事につながってきましたし、今の仕事でも、それらを伝えたことで実現したことがあります。

「できますよ」も営業ではあるのですが、「ぜひお申し込みください！」「買いませんか？」とはちょっと違い、さらりとアピールするものです。

「できますよ」が仕事につながった例を挙げてみました。

・（新型コロナ以前）「呼んでいただければ、行きますよ」と伝えて、大阪でのセミナーが実現

・「こういうこと、できますよ」とメルマガに書いて、それが実現

・入院時にお見舞いに来てくださった方と話していて、「この経験を本に書けますよ。こういった感じで」と伝えたことで実現

・メールのやり取りの中で、「そういう内容なら書けますよ」と伝えたことで実現

・新型コロナの影響で中止になった講演について、「動画を撮って提供することはできますよ」とメールに書き、実現

・（新型コロナ以後）記事執筆の依頼を受け、近況の中で、「最近は、オンラインでセミナーしています」と伝えたことがきっかけで実現

いっておいて損はないでしょう。

「できますよ」は、メールや会話（オンライン含む）、そしてネットでさらりと伝えておきましょう。

「さらりと」で構いませんし、むしろ「さらりと」であるほうがよいでしょう。

「がっつりと」だとご迷惑をおかけすることになるかもしれません。

依頼側としても、仕事を依頼して断られるのは避けたいものでしょうから、こちらから「できますよ」と伝えることは、思った以上に大事なことです。

ネットだと、「できますよ」を記事に書いたり、依頼ページや要望受付フォームをつくったりすることができます。

話すよりも、ネットに書くほうが気は楽ですし、まずはネットに書いてみることから始めましょう。

なかなか話せないという方は、先に書くことから始めると話せるようになります。

もともと私は話が苦手で、思っていることを相手にうまく伝えられませんでしたが、ブログを書き続けることで、それなりに相手にメッセージを伝えられるようになりました。

書くことは、話すことの予行演習になるのです。

81

動画で自分の人となりを伝える

新型コロナ以前だと、「会う」という手段がありました。

今はその手段が、なくなっている、または減っているでしょう。

税理士を選ぶときに、「会ってみる」というのが有効な手段でしたが、それができなくなっています。


この問題を解決するのに、テキストベースの発信に加え、動画による発信も有効です。

動画には、自分自身でする必要があり、ごまかしが効かない、映像と音で伝えられるという特徴があります。


自分の人となりを伝える方法として、動画を活用しましょう。

たとえば、ホームページやブログに自分が話している動画を入れる方法もあります。

サービス内容や、税理士業に対する思いを動画として撮ってみましょう。

もし、オンライン打ち合わせをしているなら、マイクやカメラといった設備は整っているはずです。

Zoomには、録画機能もありますので、自分だけでZoomを立ち上げて話し、録画しましょう。

その動画を使うことができます。

また、無料のYouTubeもおすすめです。

YouTube自体で売上を生むのではなく、YouTubeを通じて知っていただく、人となりを伝えるということもできます。

私がYouTubeをしているのは、仕事へ間接的につなげるためでもあります。

動画を撮り、かんたんな編集ができるスキルは、これからも大事です。

動画スキルがあれば、オンラインセミナーの自主開催やオンラインでの講演・研修という仕事にもつながります。

そのセミナーを収録すれば、動画や音声販売もできるのです。

自分の人となりを伝える手段、売上の柱にする手段として動画を活用し、

・無料のYouTube
・有料の動画販売、オンラインセミナー
に挑戦していきましょう。

82 オンライン相談の窓口をつくる

オンラインでのニーズが高まっている昨今、オンライン打ち合わせや相談の窓口はつくっておくべきです。

むしろそのようにしておかないと、従来どおりの打ち合わせにしか対応しないと思われてしまう怖れもあります。**ホームページにオンライン打ち合わせの選択肢を入れておきましょう。**

オンライン打ち合わせをするかどうかはご自身のスタンスで決めればよいと思いますが、もしオンライン打ち合わせをしていく、またはすでにしているのであれば、表に出しておかないともったいないないでしょう。

お客様側も対面ではなく、オンラインを希望される方がいらっしゃる可能性もあります。

私は以前からスカイプやZoomの窓口を持っており、遠方の方や近くでもオンラインを希望される方からのご依頼を受けています。

無料相談をオンラインでするというのもひとつの手でしょう。

問い合わせフォームにオンラインも追加し、1文加えれば、窓口をつくることができます。

窓口をつくるということは、ご依頼をいただく可能性がゼロではなくなるということです。

ネットの窓口は、ご依頼をいただかなくてもリスクはありません。

この窓口を思いたったらすぐつくるために、自分でホームページやブログを編集できるようにしておきましょう。

ホームページ制作会社だと、すぐ対応してもらえなかったり、1回頼むたびにお金がかかったりするので、自分でつくるべきです。

ネット営業でなければ、看板をつくり変えたり、チラシ、パンフレットを修正したり、名刺をつくり直したりとなり、手間やコストがもっとかかります。

ネットの窓口にはその手間やコストがありません。

窓口なくして依頼はありませんし、「打ち合わせ、オンラインでも対応してもらえますか」「無料相談をZoomでもできますか」という申し出を待っているだけではなかなかご依頼いただけないものです。

この時期だからこそ、仕事の依頼につながる窓口をつくっておきましょう。

第8章

プライベートの効率化

83

家事も効率化を考える

「仕事」術に家事が関係あるのか？　と思われるかもしれませんが、**自宅で仕事をする以上、家事を効率化することは欠かせません。**

家事も仕事も、同じ24時間の中でこなすものだからです。

これまで家事を担当していない方もいらっしゃるかもしれませんが、自宅で仕事をする機会が増えてきたなら、これを機会に家事をしてみましょう。気分転換にもなります。

家事をするのであれば、自宅で仕事をするメリットも増えます。

仕事の合間に家事をこなせるからです。

自宅で仕事をしつつ、次のようなことができます。

・洗濯物を洗濯機に入れてスイッチを押す
・洗濯物を干す
・洗濯物をたたむ
・料理する
・食事の後片付けをする

・食材の買い物をする
・部屋の掃除、片付けをする
・宅急便、郵便物を受け取る

などといったことを、平日の日中にこなせるのは大きなメリットです。

自宅で仕事をしていなければ、平日の日中、出勤して帰宅するまで一切家事ができません。平日の日中に家事ができれば、その分、平日の夜や、土日の時間が空きます。仕事が終わってから家事、土日に家事という状態ではいつまでたっても時間をつくることはできません。

もちろん、**大前提となるのは、仕事を効率化し、仕事にかける時間を減らすこと**です。人生を占める、仕事、プライベート、睡眠・食事のうち、短縮できるのは、仕事の部分しかありません。

平日の日中は仕事を効率化して時間をつくり、家事もするようにしましょう。

私は、自宅で食事をつくって食べるのが何よりの喜びです。ランチでも、好きなものを好きなタイミングで食べることができます。外に食べに行くときの待ち時間も、外出の手間もなく、健康にも配慮できるのです。

結果的に時間をうまく使えます。（慣れるまでは、料理の手間もかかりますが、後述する家電を利用する方法もあります）

84 家事効率化アイテム

仕事を効率化するアイテムとともに、**家事を効率化するアイテムにもこだわり、投資しています。**

時間を生むという意味では、欠かせないものです。

・スチームレンジ（ヘルシオ）

温めるだけでなく、蒸す、焼く、炒めるなどができるスチームレンジ。料理の幅も広がり、効率化できます。

・ホットクック

電子調理鍋で、カレー、スープ、煮物などが簡単にできます。材料を入れてスイッチを押すだけです。ドライカレー、キーマカレーは20分でできます。

・クックフォーミーエクスプレス

電子圧力鍋で、ホットクックより短い時間で調理できるのが特徴です。

・食器洗い乾燥機

食器を入れてスイッチを押すだけで、洗う、拭くことをしなくてすみます。置き場所との兼ね合いになりますが、大きめのものなら、鍋やフライパンも入れることができ、便利です。

・洗濯機

ドラム式で乾燥機がついているものなら、乾燥まで自動でしてくれます。「干す」ということをしなくて済むのです。投資する価値はあるでしょう。

・宅配ボックス

自宅にいながら、宅配便の受け取りができるといっても、仕事は中断し、集中力は途切れるものです。宅配ボックスがある自宅を選ぶ、または宅配ボックスを設置、置き配（玄関先に置いてもらう）を指定することを考えてみましょう。

・ダイソンの掃除機　ブラーバ

掃除を効率化するアイテムもあります。自動掃除機のルンバは、床を片付けなければいけないという大前提があり、結果的に使わなくなりました。便利なのは吸引力に優れたダイソンの掃除機。大小2つを使っています。（V10とV6 Trigger）

また、自動床拭きロボットのブラーバは、ルンバほどスペースを必要とせず、静かで、フローリングの床をきれいにしてくれるのが便利です。

私自身、家事が得意とはいえないので（特に掃除）、こうしたアイテムに頼っています。

苦手な部分をアイテムで補うのは、仕事の効率化と同じです。

ぜひ、導入してみましょう。

85 ネットで食材を買う

ネットで買い物をすれば、買い物の時間や手間を減らせます。

特にネットで食材を注文して自宅に届けてもらえるサービスはとても便利です。

・外出しなくてよい
・重いものも買える
・多くても買える
・キャッシュレス決済
・新鮮
・じっくり選べる

などといったメリットがあります。

よく使っているのはパルシステム、オイシックスです。

それぞれシステムが違うため、配送料や締め切りなどをよく把握しておかなければいけません。

また、ついたくさん買い過ぎてしまいがちなので注意しましょう。在庫と到着日のコントロールがなかなか難しいものです。

注文時に在庫があっても、手配の関係上、キャンセルされてしまう場合もありますが、そういうものだと割り切りましょう。

その他、個別にネットで頼んでいるものもあります。

・米、コーヒー　↓　feu-de
・水　↓　evian ミネラルウォーター500㎖×24本
・味噌　↓　みやもと山
・塩　↓　能登わじまの海塩500gパック
・しょうゆ　↓　井上古式じょうゆ900㎖
・オリーブオイル　↓　オリーブオイルエキストラバージン egregio エグレヒオ500㎖
・ごま油　↓　山田製油の一番絞りごま油
・ビール　↓　キリン ハートランド 小瓶330㎖×1ケース（30本）

・日本酒　↓　寺田本家 むすひと醍醐のしずく
ネットで買うと送料が気になったりしますが、**店に行く手間を省いたコスト**と考えて、うまく活用していきたいものです。

86

サブの冷凍庫があると買い物・料理が楽

我が家の家電で**地味に活躍しているのが冷凍庫**です。

買い物は、家事の中で大事なものであり、かつ時間がそれなりにかかります。

楽しめるといえば楽しめますが、できる限り回数は減らしたいものです。

また、たくさん買ってしまうと、食べきれません。

保存がきくようなものばかりを買うとバリエーションは減りますし、悩みどころです。

巨大な冷蔵庫に買い換えるという手もありますが、冷蔵庫はそれなりに高いので、冷凍庫を買ってみました。

意外と便利で大活躍です。

買い物の回数も減らせました。

冷凍庫に入れているのは、
・豚肉（バラ、ロース、ひき肉など）

・鶏肉（ひき肉、手羽先、手羽元、手羽中、もも、むね）
・あさり、めかぶなど貝や海藻類
・魚（さけ、ぶり、さばなど）
・ベーグル
など。

メインになりうる肉、魚系がほとんどです。


私が買ったのはシャープの冷蔵庫86L、当時2万4000円ほどでした。

前びらきではなく上から出し入れするタイプもあり、そのタイプのほうが安いのですが、出し入れが大変かなと思い、やめました。

注意点はメインの冷蔵庫とサブの冷凍庫の在庫管理です。

サブの冷凍庫にあるものを忘れてしまいがちなので、時々チェックし、メインの冷蔵庫の冷凍庫があいてきたら、サブの冷凍庫から移動させるようにしています。

冷凍とはいえ、早めに食べるにこしたことはありません。


サブの冷蔵庫は玄関先に置いています。

玄関先に置いておくと、ネット宅配との相性もよいので便利です。

ネット宅配が届いたら冷凍のものや常温・冷蔵で冷凍したいものをそのまま冷凍庫に入れる、ということができます。


冷蔵庫の上のスペースもうまく使えば、場所も有効活用できるでしょう。私が買った冷凍庫の高さは86㎝なので、上にモノを置くとちょうどよいぐらいです。

メインの冷蔵庫のそばに置けるなら、レンジやジャーを置いてもよいでしょう。


食材の保管、家事の効率化に、サブの冷凍庫はおすすめです。

87 オートロックで手間を減らす

自宅から外出するときに、**オートロックだと楽で効率的**です。

私の自宅の玄関のドアはオートロックでスマホでの開け閉めもできるようにしています。

Qrio Lock（キュリオ ロック）というもので、自宅の玄関の開け閉めが便利になりました。

・スマホアプリで開け閉めできる

・出かけるときにオートロックされる（鍵を閉めなくてよい）
・宅配便が届いたとき、荷物を受け取ってドアを閉めれば、オートロックされる
・帰ってくるときにスマホを持っていれば、自動的に鍵が開く

といったことができます。

荷物を持っているときや娘と出入りするときにも便利で、ちょっとしたことではありますが、毎日のことですし、気にせずに済むと楽です。

Qrio Lockは、ドアの内側にとりつけ、ドアに面する部分は付属の両面テープでくっつけます。駆動は、電池です。

導入の際には対応しているスマホ（OS）か、Qrio Lockを取り付けられるかどうかを事前に確認しておきましょう。

使用時にスマホの電池が切れていると、鍵を開けられませんし、ホテルのオートロックと同じようなものなので、鍵もスマホも持たずに外に出て、オートロックで締め出されないように注意しなければいけません。

88

時間をかけて掃除しない　5分27捨

自宅仕事の効率化のために、掃除が苦手な私が、毎日していることがあります。

5分27捨です。

15分で27個のものを捨てようと、ある本で紹介されており、やりはじめた15分27捨。毎日続けているとかなり片付くものの、そのうち捨てるものがなくなり、その習慣をやらなくなるのが少々気持ち悪く、困っていました。

やらなくなると、部屋が散らかるということにもなります。

そこで、2020年のはじめごろから、15分を5分にしました。5分だと毎日できますし、結構集中してやらないと27個になりません。

集中してすること、続けることが大事なので、それでもよいことにしています。

Google Nest Hub Max（AIスピーカー）で5分のタイマーをかけて、袋を手に駆けずり回ります。

郵送物の整理や宅急便の整理もこのときにすることが多いです。

その日によってテーマを決め、キッチン、クローゼット、洗面所などといったように集中してすることもあります。

シンプルに捨てるだけではありますが、毎日確実に捨てることができます。

こまめに掃除をする方には向いていないかと思いますが、私のように、掃除が苦手ですぐに散らかるタイプでもできるのでおすすめです。

89 コンテナで整理整頓

O型で、片付けができない私が、コンテナと袋を使って整理整頓するようになって、うまくいくようになりました。

私は「TRUSCO（トラスコ）コンテナ50Lロックフタ付」のコンテナを使っています。

このコンテナという代物、業務用ではよく見かけます。

私の場合、小分けして整理整頓するというのが面倒で、こういった箱にざっくりと整理整頓するのが合っているようです。（いらないものは「捨てる」のが大事ですが）

モノに合わせて箱を準備するのも、収納する場所を決めるというのも苦手で、コンテナにざっくりと入れるというのだったらできました。

ダンボールでもよいのではと思われるかもしれませんが、**苦手なものこそ何かモチベー**

ションの上がるものが必要です。
パソコンが苦手な方はよいパソコンを買ったほうがよいですし、速く走りたいなら気に入ったシューズを履くということがやはり大事だと思います。

コンテナには50Ｌと20Ｌがあり、私が持っているのはほとんど50Ｌで、大きいほうが使いやすいです。

20Ｌは、リビングで手元のものを入れるのに使っています。リモコンやゲームのコントローラー、マッサージ機を入れて散らばらないようにするのに便利です。

何より、このコンテナのメリットはたためること。

箱が必要なくなったら、たたんで置いておけばよいわけです。

たたんでしまっておいて、必要になったら取り出すということもできます。

丈夫なのでダンボールのように、くしゃくしゃとなることもありませんし、大きさがそろわないということもありません。


さて、何よりこのコンテナの中身の整理が大事です。

ごちゃごちゃに入れていたら整理とはいえませんし、何かを探すのも大変になります。

私が使ったのは、カラーのジッパー付きの袋でした。

これも普通のビニール袋だと破れたり、テンションが上がらないからです。
袋の中にはざっくりと、次のように分類してモノを入れています。

・カメラ関係
・ゲーム関係
・タップ関係
・USB Cケーブル
・マイクロUSBケーブル
・トライアスロン関係

細かく分けてラベルをつけたりすればよいのでしょうが、そういうことはできません。
ある程度透明になっていれば、だいたい中身がわかるので十分です。

100均でトラベル用のやわらかいものもあります。小分けが苦手であれば、ちょっと大きめのものがおすすめです。もしコンテナに入れたいなというものがあったら、普段はこういったケースに入れておいて、特定のタイミング（私は金曜日にしています）で、コンテナの中を整理しつつ、それぞれの袋に入れるようにしています。

部屋の整理整頓でぜひ試してみていただければと思います。

自宅仕事のモチベーションも上がります。

90

不要なものを売る・捨てる

新型コロナ以後、仕事もプライベートも必要なものが変わりました。

仕事でもプライベートでも不要なものは捨てておけば、自宅仕事の効率化につながります。

仕事とプライベートが融合する自宅仕事のスペースをつくるうえでも欠かせないことです。

公私ともに次のようなモノがいらなくなりました。

・モバイルバッテリー

・プロジェクター（セミナー用）

・セミナー用のマウス（プレゼンターに使っていました）

・水筒、弁当箱

・スマホ、タブレット、パソコンのSIMの通信容量

・レンタカー用のETCカード
・スーツケース
・旅行用の道具
・名刺
・スーツ、革靴（もともと少ないです。オンラインセミナー用にジャケットは逆に重宝しています）

使わなくなったもので高額のものは売却してみましょう。

不要なものを売ることができると、断捨離、整理整頓が進みます。

売る先は、メルカリ、ヤフオク、Amazonマーケットプレイスなどといった個人で売買できるサイトや専門の買取会社が運営する買取サイトです。

個人に売るほうが、買取会社に売るよりも、高く売れる可能性もあります。

ただし、やりとりの手間やその後の動作保証などの問題もありますので、私はそれほど使っていません。

すぐ売れるかわからず、すぐに処分もできないからです。

一応、相場感というものは検索して、個人売買のサイトの方がそれなりに高ければ出していますが、それ以外は買取サイトを利用しています。

モノを売る際に私が利用しているところ、または利用したことがあるところを挙げてみます。

・パソコン・スマホ・タブレット
パソコン関係は、ビックカメラ・ソフマップが運営しているラクウルで売っています。

・家電
家電の他、ディスプレイも含めて、高く売れるドットコムで売っています。（パソコン関係も売れます）
買取金額は、その場ではわからず、フォームから申し込んでその見積もりが来る形で、引き取りにも来てくれます。（地域による）

・ゲームソフト
ゲームソフトは、ラクウルやブックオフなどでも売ることができますが、安定して買取価格が高いのはトレーダーというところです。メルカリが高ければメルカリで売ります。

・本
本は、ブックオフオンラインに売っています。

・カメラ、レンズ
カメラやレンズ、その他カメラ用品はマップカメラに売っています。これも個人に売ったほうが高くなるのでしょうが、自分ではわからないような傷がある可能性もあるので、売っていません。

マップカメラには、ワンプライス買取というサービスがあります。ワンプライスというのは、多少何かあっても減額しないということです。
・服
服はなかなかよいところがなく結局まとめてＦＣＰファッションチャリティプロジェクトに寄附に出しました。
・靴
靴も売れるところがなかなか見当たらず、古くもなっていたので捨てました。履かないのに持っていた革靴もまとめて捨て、ランニングシューズもたくさんあったので処分しました。
・バッグ
バッグはブランディアというところで売ってみました。ブランドによって買取ができるかどうかが決まっていてサイトで検索できます。
・それ以外

それ以外の買い取ってもらえないもので大きなものは、粗大ゴミで出すしかありません。地域のサイトに申し込んでゴミ処理券を買って回収してもらいます。すぐに回収というわけにはいきませんが、私が住んでいる地域はネットで申し込めるのが楽です。

家電リサイクル対象のものやテレビ、エアコン、冷蔵庫、洗濯機、パソコンなどは粗大ゴミとして捨てることができません。

モノを売るときは、減額が多少あってもよい、むしろゼロ円でもよいぐらいでないと、思い切って処分することができません。

傷がある、古いものでも出してみるとよいでしょう。

意外と値がつく場合もあります。

断捨離に、これらのサービスを利用してみましょう。

91 自宅で日常的にできる効率化の練習

効率化スキルは日頃から磨くことができます。

意識して練習していきましょう。

スキルを磨くには練習が欠かせません。

レジでの支払いも、練習の1つです。

たとえば、レジでは次のような流れで支払いをします。

・商品またはかごを置く
・店員さんがバーコードを読み取る
・合計の金額が出る
・支払方法を伝える
・支払う
・レシートを受け取る
・商品を受け取る

これをいかに最速でできるかということを日頃から考えて、実践してきました。

こうした日常でスピードや効率化を考えるというのは、効率化スキルの練習にもなります。

どこのスピードを上げるかというと、まず**自分がコントロールできるところとコントロールできないところを見極めなければいけません。**

レジでの支払いの場合、店員さんのスピードはコントロールできず、自分のスピードはコントロールできます。

となるとスピードを上げることができるのは「支払方法を伝える」「支払う」の部分です。

「支払方法を伝える」ときに、支払方法を迷ってしまうと時間のロスになります。

したがって、まずは支払方法を決定するスピードをあげなければいけません。

レジに行く前またはレジで決済方法がいくつか表示されているので、その中でどれを選ぶかということを考えます。

「支払う」ときに、最も速いのはSuicaです。

今は、SonyのスマートウォッチwenaでSuicaを使っています。

これまで使っていたApple Watchよりも小さく、電池が持つので使いやすいです。

スマホ決済（QRコード決済）だとスマホで多少操作しなければいけませんし、カード払いだとカードを差したり、ときには暗証番号を入力したりする必要があります。

現金はいわずもがな、合計金額を見て財布からちょうど合うように考えながら取り出して払う、というのは時間がかかりすぎます。（すばやくできる人もいるでしょうが）

基本的に、店員さんがバーコードを読み取り、合計金額が出た時点で時間切れ、と考えましょう。

小銭を処理したいという誘惑があるかもしれませんが、私は現金時代のときからこの時間がもったいないので、小銭は自宅の箱に入れています。財布には２００円（１００円玉２枚）しか入れないようにし、毎朝リセットし、たまった小銭は、ときどきＡＴＭに入金していました。キャッシュレス時代になってからこれをやらなくて済むようになったのは、本当にありがたいです。

今は現金を持ち歩いていません。

92 誰かの時間を奪っていないか

効率化でもっとも大事なのは、自分の後を考えることです。

自分だけであれば、いくら時間がかかっても問題ありませんが、仕事や日常というものは後があるもので、**自分が時間をかけすぎれば誰かを待たせてしまったり、誰かの時間を奪ったりしてしまっている可能性**があるのです。

このことも、レジでの支払いを通じて学ぶことができます。

後ろに人が並んでいるのに、支払いに時間がかかりすぎるのは好ましくありません。

もちろんめちゃくちゃ焦る必要もないですし、急ぎすぎる必要はありませんが、誰かの時間を奪っているという感覚は持つようにしたいものです。

後ろに誰も並んでいないとしても、店員さんを待たせてしまいます。

私が20歳前後の頃、店頭のアルバイト（お中元やお歳暮、ベーグルショップなどの販売）を経験したときも、やはり結構待たされました。

レジで時間がかかると、回転も悪くなり、他の仕事もできなくなります。

店側でできることもあり、どうやったらすばやく合計金額を出せるか、袋がいるかどうかをどのタイミングで聞けば効率的か、といったことを自分なりに研究していました。

どんな状況でも「自分ができること」を考えることが大事です。

当時はバーコードリーダーもなく、ベーグルをトレイに詰めながら計算し、それを先に伝えるようにしていました。

袋がいるかどうかも先に聞いておけば、こちらも動きやすく効率的です。

93 「ゼロにする」という選択

効率化において最も大事なのは、「ゼロにする」ことです。

これもレジでの支払いから学べます。

レジでの支払い時にできることはあるとはいえ、レジで買うとそもそも時間がかかりますし、他の人を待つ可能性もあるわけです。

これをゼロにするということも、効率を考えるうえで重要です。


たとえば、セルフレジを使うようにします。

なぜだかセルフレジは空いていることも多く、並ぶことはほとんどありません。

だからこそ、私はセルフレジのある店によく行きます。

コンビニでものを買うと多少高いので、昔はスーパーに行っていましたが、レジ待ちの時間が無いことから、セルフレジのコンビニで買うことが増えました。

近くのイオンでは端末でスキャンし、セルフレジで支払いができますが、なぜかセルフレジはめちゃくちゃ空いているので快適です。


さらに、セルフレジにすら行かなくてすむという選択肢もあります。

食材は大部分をネットで頼めば、スーパーに極力行かなくてすみ、かつ、新型コロナの感染リスクを下げるというメリットも今ではあるわけです。

スーパーに行く場合にも、平日の昼間に行くようにして、混んでいる時間を避けるということを考えています。

日頃から効率化を考えることは十分可能です。

・改札を通るときに、いかにスムーズに通るか
・マンションの入り口が近づいてきたら鍵をスムーズに出せるか
・時間がかかることを回避することはできないか
・多少高くなっても待たなくてすむ方法はないか
・予約して並ばないように済ませられないか
・いつ行けば空いているか、どこが空いているか

などといったことを日頃から考えるようにしてみましょう。

自動化できるものを導入するというのもおすすめです。

我が家では、

・電気のオンオフは声で
・玄関はオートロック
・宅配ボックスで受け取りも自動化

・ゲーム機はセレクターを買って自働で切り替えられるように
・洗濯機は乾燥まで自動化
・食器洗いは食器洗い乾燥機で自動化
・材料を入れるだけでできあがるホットクック、ヘルシオ、コーヒーメーカーを利用

などといったこともしています。

自宅仕事の時間を効率化する際も、こうした意識で臨んでいます。

第9章

自宅仕事とプライベートの融合

94

自宅仕事とプライベートの切り分けをしない・切り替える

自宅仕事ではプライベートと仕事の切り分けに悩まれるかもしれません。

もちろん機密情報を扱う税理士業、その部分での切り分けは必須です。

しかしながら24時間を分け合うプライベートと仕事は、むしろ融合して考えたほうがよいでしょう。

何時から何時まできっちり働くというのではなく、合間にプライベートを入れるということも考えていきたいものです。

ただし、基本的な時間の使い方は決めておきましょう。

私の場合、土日祝日は基本的に休みです。

夜は仕事をしません。

もちろん例外はあるのですが、基本的なルールを決めておかないとどこかで燃え尽きてしまいます。

また、明確にはプライベートと仕事の切り分けをしないものの、プライベートと仕事それぞれのシーンでは集中しておきたいものです。

プライベートと仕事を瞬時に切り替えられるように工夫しましょう。

そのために私はメモを活用しています。

プライベートの時間に仕事のことについて思いついたことは瞬時にスマホかGoogle Nest hubでEvernoteにメモをするのです。（Google Nest hubでEvernoteにメモするには設定が必要です）

一方、仕事中にプライベートのことを思いついた場合にもEvernoteにメモをします。

そしてそれぞれの時間にメモをしたことを実行すれば、瞬時に切り替えることができるのです。

メモをすることにより、思いついたことをメモして忘れて、目の前のことに集中できます。

メモしたことをすぐにやらないことも大事です。

すぐにしてしまうと、仕事中にプライベートのことを思い出したりして、仕事がおろそかになりますし、その逆もいえます。

メモをしたことは翌朝にチェックして、翌日以降にするよう計画しましょう。

このようにして自宅仕事とプライベートを融合させています。

95 家族との時間と自宅仕事のバランス

自宅仕事のメリットの1つは、なんといっても自宅にいるのですから、家族との時間を増やせることです。

イクメンを名乗るほど、何かができているわけではありませんが、

・一緒に過ごす時間をつくる
・一緒にいろんなことを経験する
・娘の将来へ投資する

ということは心がけているつもりです。

しかしながら、一緒にいたいと、四六時中時間を割いていたら、食べていけなくなります。

時間とお金のバランスをとることも必要です。

・一緒にいないけど、稼いでくる
・一緒にいるけど、稼がない

両極端で考えると、前者のほうが喜ばれるかもしれません。

ただ、それだと娘の日々の成長を見ることができず、帰ってくると寝ているという状態は避けたいもので、「一緒にいるけど、まったく稼がない」までいかなくとも、
・一緒にいる　↓　時間
・稼ぐ　↓　お金
のバランスをとりたいものです。

それが娘の成長や人生にもよいことのはずです。


普通は、時間をかけてお金を得るものですので、娘と仕事を両立するには、時間をかけずにお金を得る、生産性を上げることが欠かせません。

「仕事が一番だろ」「仕事を後回しにするなんて」と考える向きもあるでしょうが、何を軸にするかは人それぞれですし、その軸を選びやすいのは、自宅仕事のメリットの1つです。

そしてその軸にあった方から仕事の依頼をいただけるものですから、軸がないことは、お客様に対しても不義理であるとも考えています。

時間とお金の両方を過不足なく満たすことは難しくても、その**バランスをとり、時間とお金のジレンマを解消する**ことは不可能ではありません。

人を雇って仕事を任せることも、時間とお金のバランスをとる方法の1つでしょう。

私は、それができない（苦手）ので、人を雇わずに、時間とお金のバランスをとることを目指しています。

96 娘と自宅仕事を両立するためにしていること

本書執筆現在、3歳11か月の娘と過ごす時間と自宅仕事を両立するために、次のようなことをしています。

✣ 平日の集中力を高める

平日の日中、おおむね8時半から18時は娘を保育園に預けて、仕事に集中できる時間帯です。

その時間帯の集中力を最大限に高め、**限られた時間で成果を出すこと**を考えています。

土日や夜まで仕事をしていたら、娘との時間がなくなるからです。

そして、夜も、土日も仕事をするということをしていては、効率は上がらず、時間の使い方はうまくいかないものです。

土日や夜に仕事（セミナーや個別コンサルティングなど）を入れることはありますが、あくまで特例です。

特例とするか、なんとなく仕事をするかで、その覚悟の度合いは変わってきます。

それに合わせた仕事のやり方を工夫してきました。

✣ 売上の柱を複数つくる

「娘と自宅仕事を両立する」

「時間帯を制限する」

「仕事を増やさない」

といったことをするのは、リスクがあります。


「いつでもＯＫです」

「夜も付き合います」

「いくらでも仕事をやります」

のほうが、リスクなく稼ぐことができるでしょう。

リスクがある以上、それをコントロールしなければいけません。

そのために、私は売上の柱を複数つくり、リスクを分散しています。

できる限り、自分が予定を決められるようにしているのです。

✣ 習慣は守る

娘との時間と比べても優先順位が高いものがあります。

それは、自分を形づくる毎日の習慣です。

2019年の入院3か月の期間中も守った習慣を、最低限守るようにしています。

「食べていく」というのは、ある意味長期戦であり、長期戦である以上、積み重ねが欠かせません。


習慣とは積み重ね、だからこそ、守りたいものですし、仕事ともいえるものです。
・経理
・タスク管理
・メモ、ファイルの整理
・メルマガ
・ブログ
は、毎日優先するようにしています。

平日ならこれらをこなすことは問題ありません。

娘よりも早く起きるので、その分の時間もあるからです。

土日も、娘が起きる前か、そうでなければ、合間に隙を見て、妻と遊んだり動画を観たりしているときにしています。（このときに妻に負担をかけて申し訳ないのですが）

昼寝の隙に書くことも以前はできていましたが、最近は昼寝せずエンドレスで遊ぶようになり、隙はなくなりました。

これらの習慣は、時間とお金のバランスをとる、つまり娘との時間と仕事を両立するのに、欠かせないものだと考えています。

経理でお金を管理し、タスク管理で時間を管理し、整理や書くことで自分を管理することは、食べていくうえで欠かせない習慣です。

娘は、私がブログを書いているときに「遊んで！」といったり、「おしまい」といってパソコンを閉じたりすることはありますが、今のところ、うまく続けられています。

生まれたときから、「ブログは我が家の生命線だから」「ブログ書いてないからちょっと待ってね」と言っているので、なんとなく定着している感じです。

ブログを書かないまま遊びに行くこともありますが、その日に書けばよいので、その辺りはコントロールしています。

仕事と何かを両立することは決して不可能ではありませんので、あきらめずに挑戦しましょう。

自宅仕事では、仕事と家族との時間の両立も不可能ではありません。

その挑戦の過程で、**「ここだけは守らなければいけない」ものが見えてくる**はずです。

挑戦する前にあきらめていたら、両立はできません。

仕事の優先順位を下げるというわけではなく、仕事と何かの優先順位を同じものにして、バランスをとるようにしましょう。

97 家族に仕事を頼むかどうか

自宅で仕事をしていると、家族に仕事を頼みたくなることもあるかもしれません。

独立後、家族に仕事を手伝ってもらうという方法も考えられます。

給料も払えますし、気兼ねなく頼めるのはメリットでしょう。

しかし、私は、仕事を家族に頼まないようにしています。

人に仕事を頼むとなると、いろいろ考える必要があるからです。

仕事の依頼の受け方も変わってしまいます。

今は、
・自分ができる
・時間内にこなせる
・自分がしたい
という仕事しか受けていません。

誰かに頼めるとなると
・自分ができない
・時間内にこなせない
・自分がしたくない
仕事も受けてしまいたくなります。

家族に仕事を頼まないというのは、私の考え方であり、スタンスですから、家族に仕事を頼む、分担することを否定するわけではありません。

「妻に仕事を手伝ってもらっているのですが、ひとりということになりますか？」と聞かれることも結構ありますが、その場合も「ひとり」という認識でよいのではないかなと思います。

しかし、仕事を任せる場合には、仕事の内容ややり方を説明する必要がありますし、結果のチェックもしなければいけません。

説明やチェックなしで仕事を任せるのでは、ブラック企業と同じです。

私はその説明もチェックもめんどうくさいというのが、家族に限らず人に仕事を任せない理由でもあります。

そういったスキルはゼロなので、誰にも迷惑をかけないように、人を雇いません。

仮に**家族に仕事を頼ったとしても、お互い、甘えが出てしまう**でしょう。

正当な対価を払わなかったり、対価がないのに仕事をしてくれたりすることになります。

安易に家族を頼ることはやめましょう。

98 仕事をふるなら人類以外

自宅仕事の効率化は、プライベートの充実のために欠かせないものです。

しかしながら、その効率化の方法として、人に頼むということをしていません。

家族に限らず、人を雇うことや外注、クラウドソーシングも含めて、仕事を他人にふらないようにしています。

これは性格によるもので、仕事をふるのもありですし、そのほうがよいこともあるでしょう。


私は、「仕事を人にふらない」ではなく、「仕事を人にふれない」人間です。

ですから、仕事をふるなら人以外にお願いしています。

パソコン内で、ソフトやサービスに仕事をふっています。

・計算や資料作成 → Excel、パワポ
・文字入力 → 音声認識入力、スニペットツール
・営業 → ブログ、ホームページなど
・スケジュール管理 → Google カレンダー
・タスク管理 → Excel
・購入 → Amazon その他ネットショッピング
・自社の商品決済 → AmazonPay、WordPress

・仕事の依頼受付、営業シャットアウト　↓　依頼ページ、依頼フォーム
・入金確認　↓　ＲＰＡ
・入金確認メール　↓　スニペット
・経理　↓　音声認識入力ソフト、Excel、会計ソフト
・税務申告　↓　税務ソフト、Excel、ＲＰＡ
・動画編集　↓　Adobe Premiere Pro
・写真編集　↓　Adobe Photoshop
・郵送　↓　Ｗｅｂゆうびん、ＲＰＡ

仕事をふるといっても、自分の手を動かすものも多く、私は自分の手を動かすのが好きなのでいたしかたありません。

多少のコストがかかる場合もありますが、人以外に仕事をふれば、気兼ねなく仕事をふることができます。

自分以外に人手を必要とする仕事は基本的に受けない主義ですし、メニューにも載せていません。

できないこと、苦手なことも多いので、そうしなければ仕事をこなせないからです。

「仕事を他人にふらない」と決めているからこそ、集中して効率化スキルを磨けるというメリットもあります。

家族で同じ仕事、家族で役割を決めて仕事をするというのもいいなぁと考えることもありますが、現状は、人には仕事をふらない主義を貫いています。

娘にはパソコンやITを教えつつ、本人が望めばいつか手伝ってもらうかもしれません。

99
家族の休日にする仕事

家族の休日に仕事をするかどうか。

仕事をする場合でも、最初から休日の時間を使うことを考えず、あくまで例外とすべきです。

土日や夜をオフにするためには工夫が必要です。

工夫というよりも覚悟に近いものかもしれません。

とりわけ顧問業の部分では、土日と夜をオフにするルールは守るのが難しいものです。

顧問業は「いつでもお気軽にご相談ください」というサービスです。

最初に、「ご相談受付は平日9時から17時」、「メールの返信は、平日9時から17時」に対応するというルールを顧問先と決めておく手もあるでしょう。

メールについては土日や夜に返さず、次のタイミングで返すということです。

土日にメールをいただいても、月曜日に返信しています。

不満に思われ、解約となるかもしれませんが、それはそれで仕方ありません。

私は土日にしてよいこと、しないことを自分で決めており、メールの返信はしないことにしているということを理解していただける方としか仕事できません。

自分の決めたルールを守るというのはそういうことです。

独立後は、「いつでも仕事できるだろう」「パソコンに触れられるだろう」と思われがちですから、自分で線を引くことも大事です。

ブログを毎日書いていると、「土日も仕事している」と思われがちですが、土日にする仕事、しない仕事の区分けがあり、土日は習慣としている仕事だけしています。

自宅仕事では、自分で線引きをして仕事の時間を管理することがとても大事です。

100 土日を休んで平日の圧縮効果を狙う

・土日は予定が入りにくい
・土日は周りが休みなので仕事をしやすい
そして、
・土日に休むとなんとなくもやもやする
などといった理由から、土日に自宅仕事がはかどるという考え方もあるかもしれません。

私は、例外として、
・個別コンサルティングの予約が入ったとき
・セミナーを自分で企画するとき
・毎日すること（整理、経理、メルマガ、ブログ）
は仕事をすることがありますが、それ以外は土日に仕事を入れません。

休むなら、土日のほうがペースをつかみやすく、家族と同じタイミングで休めるからです。

土日をしっかり休むということで、平日圧縮効果も得られ、結果的に仕事がはかどります。

平日圧縮効果とは、土日を休むことによって、平日の仕事の効率が上がることです。

私の経験則では、**「時間があればあるほど仕事の効率は下がる」**ので時間をギュッと圧縮し、その中で仕事をしたほうが、仕事の効率は間違いなく上がります。

休むこと、疲れないことも自宅仕事のうちです。

平日圧縮効果は、土日を休んで平日だけに仕事を圧縮することだけでなく、平日に仕事をする時間そのものを圧縮することをも意味します。

夜に仕事をしないことで、平日日中の効率をさらに上げるのです。

そして、平日もしっかり休みましょう。

そうしなければ、土日は体を休めることだけで終わってしまいます。

正確には、「休み」ではなく「遊び」が必要なのであり、平日圧縮効果とは、土日や夜は遊び、平日の仕事の効率を上げることなのです。

101

外出せずにおいしい朝食をとる

朝食は1日の始まりであり、何より、自宅仕事であれば、ゆっくり朝食を楽しめます。

おいしい朝食があれば、1日のよいスタートが切れるでしょう。

自宅仕事にもよい影響があります。

とはいえ、手間をかけたくはないので、調理器具で時間を補うようにしています。

ある程度の投資は必要で、少しずつ器具をそろえてきました。

外出して、おいしい朝食を楽しむという方法もあるのでしょうが、自宅でもおいしいパンやコーヒー、ご飯や味噌汁をつくることはできます。

パンはタイガーのホームベーカリーを利用しています。

ホームベーカリーをはじめて買ったのは、12年ほど前であり、その後買い替えつつ、愛用してきました。

小麦粉（強力粉）にドライイースト、スキムミルク、バターなどの分量を量って入れて、スイッチを押すだけでおいしい食パンができます。

パン好きですが、もともと食パンはほとんど買いません。

ホームベーカリーのほうがおいしいからです。


焼いたパンをトースターで焼くと、また違ったおいしさが楽しめます。

自宅だと、バターにもこだわりたいものです。

我が家では、カルピスバターを愛用しています。

一見高いのですが、少しずつ買うことを考えればコスパは悪くありません。

外食よりはコスパは間違いなくよいものです。


また、バターを切ることも効率化でき、私はニトリの「カットできちゃうバターケース」を使っています。

コーヒーはパナソニックの全自動コーヒーメーカーを使っています。

豆と水を入れるだけでコーヒーができ、浄水機器の洗浄も自動でしてくれる優れものです。

コーヒー豆は地元宮崎の feu-de（ふぅどぅ）から仕入れています。

おいしいのはもちろん、デカフェも豊富なので、自宅で飲むのは基本的にデカフェです。

朝食はパンのときもあれば、ご飯のときもあります。

ご飯は、タイガーの炊飯器を使っています。

10万円弱しましたが、おいしく炊けるので満足です。

味噌汁はホットクックで、材料を入れてスイッチを入れれば、おいしくできます。

途中で味噌を入れたり、混ぜたりしなくて楽です。

味噌は「おしゃべりみそ」というものを使っており、手作りでコクがあり、「味噌って本来こういうものなんだ」と驚かされました。

ご飯と味噌汁に漬物や納豆があれば十分かもしれませんが、漬物や納豆が苦手な私はヘルシオでつくれる温泉卵（25分でできあがります）がお気に入りです。

気になるものがあれば試してみていただければと思います。

自宅仕事を楽しく始めましょう。

102

仕事中にランチをつくる楽しみを持とう

自宅仕事の合間のランチは、おいしく、楽しくとりたいものです。時間や手間はかかりますが、ランチをつくるとより楽しめます。

私はとりわけ料理が得意というわけでもありませんが、つくるのは好きで、小学生の時からと考えると、料理歴は40年以上です。

ただ、料理には手間がかかりますので、手間をなくすために、ホットクックやレンジなどを使う方法もあります。

材料を入れてスイッチを押すだけで料理ができるのです。

自分でランチをちゃちゃっとつくるなら、よいフライパンを使うとよいでしょう。フライパンを使って丼（どんぶり）をつくれば、もっと手軽に料理できます。

小鉢にスープに味噌汁に、というのもおしゃれで、健康にもよいのでしょうが、自宅仕事で毎食それをしていたら大変です。

自宅で仕事をしているなら、仕事の合間のランチはささっとつくりましょう。

フライパンは焼く・炒めるというイメージが強いかもしれませんが、油を多めにして、かるく揚げる、水を入れて、煮る、蒸す（ふたかアルミホイルで）というレパートリーも豊富です。

私のここ数年のお気に入りはエバークックのフライパンで、焦げ付かず、長持ちします。

フライパンに加え、どんぶりにすると手軽においしいものが料理できます。

お気に入りのメニューがあれば、料理して食べることを楽しめるようになるでしょう。

調味料は、シンプルに、

・塩
・味噌
・しょうゆ
・ごま油
・オリーブオイル

があれば十分です。

お好みで、しょうが、にんにく、とうがらし（鷹の爪）などもあるとよいでしょう。

基本調味料は飽きませんし、余計なものも入っていません。

調味料は安くないものもありますが、長く使えますし、コスパは高く、投資したほうがおいしくなります。

塩としょうゆだけでもよいものを使うのがおすすめです。

次のようなものを愛用しています。

・塩　↓　能登　わじまの海塩500gパック。

500gで2000円ちょっとですが、外食することと比べれば安いです。

・しょうゆ　↓　井上古式じょうゆ900㎖

丼とはいえ、バランスも多少考え、野菜は必ず入れるようにして、ご飯は少なめにしています。

野菜は手間がかかるものはさけ、手でちぎれるもの中心です。

次のような丼が好きで、よく作ります。

・豚しゃぶ・かいわれ・レタス丼（豚はフライパンで茹でています）

・豚ひき肉・ニラ・玉ねぎ丼（豚肉はかるく茹で、水がなくなった頃に野菜を入れて炒めて

います）

・アジ・かいわれ丼（アジは油多めでカリッと）
・サケ・アボカド丼（サケはカリッと、アボカドは生で）
・ドライカレー（豚ひき肉・トマト・玉ねぎを炒めて、カレー粉をふりかける）
・ロコモコ風丼（牛あいびき肉・ピーマン・にんじん・目玉焼き）
・麻婆丼（豚ひき肉・豆腐・ネギ・味噌のみ）
・ペペロンチーノ丼（しめじ・小松菜・ニンニク・唐辛子）
・親子丼（鶏もも・たまご・ネギ）

料理がめんどくさいなぁ、でもやってみようという方、料理に正解はありませんし、フライパンと丼にしぼって手軽に挑戦してみていただければと思います。

味付けを薄めにして、食べるときにしょうゆで調整するのもおすすめです。

103

睡眠時間を削らないと決める

自宅仕事を効率化するといっても、睡眠時間だけは削らないようにしましょう。

睡眠時間を削ってしまうと、結果的に疲れがまとめて出るからです。

徹夜などもってのほかです。

たとえば睡眠を7時間取ると決めたら、24時間から前もって天引きし、残りの17時間でプライベートと仕事を楽しむようにしましょう。

私はしっかりと睡眠時間を取るために、次のようなことをしています。

✣ ストレスを抱えすぎない

とりわけ、仕事でストレスを抱えすぎないようにしています。

ストレスを感じるようであれば、根本から断つようにしたいものです。

✢ ほどよく疲れる

体を動かしたりしてほどよく疲れることで、よく眠れるようになります。

✢ 夕食を早めに取る

夕食が遅いと眠れないことが多いです。

夕食は18時から19時の間に取るようにして、寝るまでに2時間から3時間の間をとるようにしています。

✢ ギリギリまで仕事をしない

1日の締めくくりを仕事に費やすと寝つきがよくありません。

1日の最後は好きなことをして、遊んでから寝るということをしているため、よく眠れます。

スマホやゲームをしないほうがよいのかもしれませんが、私は好きなことなので、1日の最後はゲームをしたり、iPadでその日に撮った写真を眺めたりしてから寝ることが多いです。


睡眠はプライベートでもあり、仕事でもあります。

しっかり眠り、よい状態で、次の日の仕事に取り組みましょう。

104
自宅でできる運動

仕事をするには、健康な体が必要です。
自宅で仕事をして、肩や腰が痛いということは避けましょう。
痛みの解消法としては、
・椅子を見直す
・リストレストを使う
・タイピングで力を抜く
・トラックボールマウスを使う（手を動かさずに済む）
・長時間仕事をしない
・座る場所を変える
・整体に行く
などといった方法がありますが、自宅で運動をするのもおすすめです。
自宅仕事では、自宅にいるわけですので、運動器具も使いやすく、仕事の合間に運動をすることもできます。


自宅でできる運動をしてみましょう。

私がおすすめするのは次の3つです。

✣ オンラインヨガ

私は、オンラインヨガ（SOELU）を日々利用しています。

ネット経由でヨガのレッスンを受け、こちらの姿勢を画面に映し出し、アドバイスを受けることもできるサービスです。自分でストレッチやヨガができるなら問題ありません。

私の場合は予約して、リアルタイムでアドバイスを受けられるという点で、オンラインヨガが気に入っています。

✣ ペダルバイク

ペダルのみのバイク（ALINCO（アルインコ）エアロマグネティックバイク ミニ）を買って、こぐようにしています。

スポーツジムにあるようなバイクを自宅に置こうと思うと、なかなか大変です。大きくて場所をとります。

ペダルをこぐというのは良い運動になるので、自宅でもできればなぁと思って買ったのが、このペダルのみのバイクです。

負荷も調整できますし、30分もすると、汗をじんわりとかきます。

場所を取らず、持ち歩ける重さです。（10kg弱）

✣ Switch

Nintendo Switch はゲーム機ではあるのですが、体を動かすソフトもあります。

コントローラーが小さく片手で持てるので、コントローラーを動かすと体の動きを認識するのです。

私がオススメなのがこの４つです。

・リングフィットアドベンチャー　→　筋トレもあり

・フィットボクシング　→　音楽にあわせてボクシング

・JUST DANCE　→　踊る

・Zumba　→　踊る

その他、マッサージ機（筋膜リリースという体の表面の筋肉をほぐすもの）を使っています。

ハイパーボルトプラスがおすすめです。

7万円と高いのですが、局部を振動でマッサージし、肩、背中、腰、ふくらはぎ、太腿、腕、お尻など、あらゆるところをほぐせます。

105 習慣は毎日か、平日のみか

習慣は、自宅仕事においてもっとも大事なものであり、プライベートにも関わってきます。

自宅仕事とプライベートの融合を考えた場合、習慣が両者を橋渡ししているともいえるからです。

日々の習慣には、毎日のものと平日だけのものがあります。

私が、毎日する習慣は、日常の風呂、食事等を除くと、

・経理、家計簿
・データ整理
・タスク管理
・メモ整理
・メルマガ『税理士進化論』執筆
・掃除

そして、
・ブログ執筆
です。

これらは、例外なく続けています。

毎日の習慣は、次のようなメリットがあるからです。

✣ スッキリする

経理やデータ整理、掃除などは、やらずにいて「たまる」ことがないわけですから、毎日やることによってスッキリします。

日々、スッキリしていれば、目の前のことに集中できるわけです。

モヤモヤしていると集中できません。

もちろん、ためしたほうがよいものもあるでしょうし、性格にもよるかと思いますが、私は、ためないで日々やるほうが楽です。

自分が決めたことをきちんとするというスッキリ感があり、毎日やるメルマガやブログにもこういった効果があります。

✣ ３６５回できる

毎日やると、１年３６５日だとして、３６５回練習することができます。

これだけ練習することができれば、ほんの少しずつであっても、うまくなるものです。

✣ わかりやすい

「毎日」というのはわかりやすい指標です。

平日毎日とすると、祝日をどうするか、正月はどうするかといった疑問が生じますが、「毎日」だと、どう考えても明確で、毎日でしかありません。

このシンプルなわかりやすさは、自分にとっても、自分以外にとってもメリットです。

何といっても自分に対してわかりやすいので、それこそ、毎日やるしかありません。

迷いがないことは強みです。
「今日はやるかどうか」ではなく、「どうやってやるか」をいつも考えています。

一方で、平日毎日という習慣もあり、そのメリットは、次の３つです。

✣ 休める

土日祝日を休むことができます。

✣ 止まって考えられる

平日毎日の習慣であれば、土日祝日に一旦止まって考えることができます。仕切り直しやリフレッシュ、構想を練るといったことが可能です。

✣ セーフティネットになる

平日毎日の習慣ならば、習慣が途絶えた場合やできなかった場合、土日祝にやるということもできなくはありません。

もちろん、原則として平日毎日に必ずやるとしても、セーフティネットになるわけです。

毎日と平日毎日の習慣、いずれも一長一短ありますので、好きな方でよいかと思います。習慣には、自宅仕事・プライベートを整え、鍛えるという効果があるものです。

毎日または平日毎日といった、日々の習慣をつくり続けていきましょう。

106 自宅仕事とプライベートを融合すれば、人生を楽しめる

自宅で仕事に集中できるかどうか。
この「集中」するためには、プライベートが必要です。
遊びは、集中しなければいけないものではなく、自然と集中するもの。
集中を意識する必要はありません。

常に意識して集中している状態を保つのは難しいもので、疲れ果ててしまいます。

・集中を意識しなければいけない仕事
・集中を意識しなくてもよいプライベート
の両方が欠かせません。

仕事は緊張、プライベートは弛緩した状態であるともいえます。

仕事があるからこそプライベートを楽しめ、プライベートがあるからこそ仕事を楽しめ

るのです。

仕事がプライベートに優先するということはありません。

もちろん、食べていかなければいけないので、どうしても「プライベートより仕事」となってしまいますが、仕事を優先するがあまり、プライベートをないがしろにしないようにしましょう。

仕事を優先して年々歳を重ねていくと、遊ぶ気力や体力もなくなります。

仕事とプライベートは今から両立しておかなければいけないのです。

むしろ、プライベートの時間を天引きしましょう。

私はプライベートでは、家族と過ごすほか、トライアスロン、海外サッカー観戦、写真、ゲームなどといった趣味があります。

これらには仕事と同じくらいの熱量を注ぎ、ある意味集中して取り組んでいるものです。それなりの時間とお金も投資しています。

プライベートは、集中を意識しなくてよいものの、自然と集中してしまうのです。

集中というよりも、緊張しすぎず、より自然な状態でリラックスして楽しめている状態です。

スポーツでいう「ゾーン」に入った状態ともいえるものです。

一方で、**私は仕事も、さほど集中を意識していません。**

税理士業も、本書の執筆も、「サボらず集中しなければいけない」というものではないからです。

私にとって仕事は楽しめるものであり、集中した状態で、リラックスして楽しめています。

私にとって仕事とプライベート、つまり生きていくということは、「集中しなければいけない」ものではなく、どちらもリラックスして楽しめるものなのです。

「自宅仕事術」とは、自宅で仕事をすることで、プライベートと仕事を融合し、楽しめる生き方を追及する方法論でもあります。

プライベートを楽しみ、かつ、自宅仕事を楽しむことを目指していきましょう。

その道は、ひとり税理士に通じる道でもあります。

あとがき

『ひとり税理士の自宅仕事術』をお読みいただきありがとうございます。

まさか、自宅でどうやって仕事をするかというテーマで本を書くとは、独立当初の私には想像すらできなかったことでしょう。

当時は「自宅で仕事なんて」「人を雇うことが大事」「税理士たるもの事務所を持って一人前」と思っていたわけですから。

それが、独立から13年後も、ひとりで、かつ、自宅で仕事をしているとは、人生は本当におもしろいものです。

独立後に私が常々考えているのは3つのことです。

・時間をうまく使いたい
・家族が食べていけるようにしたい

そして、

・限りある人生を楽しみたい

ということです。

時間をうまく使うことを考え抜いた結果、事務所を別に借りて、そこへ移動する時間を使わないことをあえて選びました。

家族が食べていけるようにするためにはお金が必要です。

売上を増やしてお金を増やす方法もありますが、コストを減らしてお金を増やす方法もあります。

事務所を借りずに自宅で仕事をすることをあえて選びました。

そして楽しみながら仕事をする場として、自宅をあえて選びました。

遊び道具もあり、好きなものを置いていて、家族もいて楽しめる場です。

仕事をする場所として自宅を「あえて選んだ」わけです。

自宅で仕事をしている、これから自宅で仕事をしようとしているなら、「あえて選んだ」こととして、堂々と振る舞いましょう。

「税理士だから◯◯しなきゃいけない」などということは、ありません。

自分の生き方は、自分で選ぶものですので、すべてに「あえて選んでいる」をつけましょう。

世の中は変わりつつありますが、やはり人を増やして大きくする、事務所を拡大していくスタイルが、多数派ではあります。

自宅で仕事をするスタイルは少数派ですので、自分の軸を持つことが大事です。

周りから何かをいわれて考え方を曲げるようでは、「あえて選んだ」とはいえません。

自宅で仕事をするか否かに関わらず、生きる上で下すあらゆる判断で、「あえて選んだ」といえるようにしましょう。

税理士という仕事を、「あえて選んだ」ときのように。

井ノ上　陽一（いのうえ　よういち）
（株）タイムコンサルティング代表取締役
税理士

1972年大阪生まれ。宮崎育ち。
総務省統計局で３年働いた27歳のとき（2000年）に、生き方を変えるため税理士試験に挑戦。３年後に資格取得、2007年に独立。

雇われない雇わない生き方、「ひとり税理士」を提唱。
独立以来、自宅を中心に税理士業をし、そのノウハウを提供し続けている。

そのスタイルに影響を受け、独立する税理士も数多く、2800日以上配信し続けている無料メルマガ「税理士進化論」で、独立にむけてのサポートも行っている。
ブログは5,000日毎日更新。

著書に『ひとり税理士の仕事術』『ひとり税理士のセーフティネットとリスクマネジメント』『新版ひとり社長の経理の基本』『新版 そのまま使える経理＆会計のためのExcel入門』など20冊。

ブログ「EX-IT」
（「EX-IT　井ノ上」で検索）
https://www.ex-it-blog.com/

メルマガ「税理士進化論」
（「税理士進化論」で検索）

大蔵財務協会は、財務・税務行政の改良、発達およびこれらに関する知識の啓蒙普及を目的とする公益法人として、昭和十一年に発足しました。爾来、ひろく読者の皆様からのご支持をいただいて、出版事業の充実に努めてきたところであります。

今日、国の財政や税務行政は、私たちの日々のくらしと密接に関連しており、そのため多種多様な施策の情報をできる限り速く、広く、正確にかつ分かり易く国民の皆様にお伝えすることの必要性、重要性はますます大きくなっております。

このような状況のもとで、当協会は現在、「税のしるべ」(週刊)、「国税速報」(週刊)の定期刊行物をはじめ、各種書籍の刊行を通じて、財政や税務行政についての情報の伝達と知識の普及に努めております。また、日本の将来を担う児童・生徒を対象とした租税教育活動にも、力を注いでいるところであります。

今後とも、国民・納税者の方々のニーズを的確に把握し、より質の高い情報を提供するとともに、各種の活動を通じてその使命を果たしてまいりたいと考えておりますので、ご叱正・ご指導を賜りますよう、宜しくお願い申し上げます。

一般財団法人　大蔵財務協会
理事長　木　村　幸　俊

ひとり税理士の自宅仕事術

令和３年３月12日　初版印刷
令和３年３月22日　初版発行

不許複製

著　者　井ノ上　陽　一

(一財)大蔵財務協会　理事長
発行者　木　村　幸　俊

発行所　一般財団法人　大　蔵　財　務　協　会
〔郵便番号　130-8585〕
東京都墨田区東駒形1丁目14番1号
(販　売　部)TEL03(3829)4141・FAX03(3829)4001
(出版編集部)TEL03(3829)4142・FAX03(3829)4005
http://www.zaikyo.or.jp

乱丁・落丁の場合は、お取替えいたします。　印刷　恵友社
ISBN978-4-7547-2883-0